SE
LIBÉRER
DES
PEURS

"Un guide infaillible pour vaincre vos peurs"

ALAIN LEA

© 2021 par Alain Lea

Publié par Christ In All Nations, Inc
Une division du groupe Christ In All Nations

P.O Box 588, Granger, Indiana 46530, USA.
www.christinallnations.org

Imprimé aux États-Unis

Tous droits réservés. Aucune partie de cette publication ne peut être reproduite, stockée dans un système d'extraction ou transmise sous quelque forme ou par quelque moyen que ce soit - électronique, mécanique, photocopie, enregistrement ou autre - sans l'autorisation préalable de l'auteur où l'équipe du Christ Dans Toutes Les Nations, Inc. La seule exception concerne les brèves citations dans les revues imprimées.

Sauf indication contraire, les citations des Écritures sont tirées de la version New King James. Copyright © 1982 par Thomas Nelson, Inc. Utilisé avec permission. Tous droits réservés.
Les citations bibliques marquées (NIV) sont tirées de la Sainte Bible, Nouvelle Version Internationale®, NIV®. Copyright © 1973, 1978, 1984, 2011 par Biblica, Inc.™ Utilisé avec la permission de Zondervan. Tous droits réservés dans le monde entier. www.zondervan.com The "NIV" et "New International Version" sont des marques déposées par Biblica, Inc.™ auprès du United States

Patent and Trademark Office.

Les citations bibliques marquées (NLT) sont tirées de la Sainte Bible, New Living Translation, copyright ©1996, 2004, 2015 par la Tyndale House Foundation. Utilisé avec la permission de Tyndale House Publishers, Carol Stream, Illinois 60188. Tous droits réservés.

Les passages marqués GNB sont tirés de la BIBLE DE LA BONNE NOUVELLE (GNB) : Écritures tirées de la Good News Bible © 1994 publiée par les Sociétés bibliques/HarperCollins Publishers Ltd UK, Good News Bible© American Bible Society 1966, 1971, 1976, 1992. Utilisé avec autorisation.

ISBN : 978-1-952806-14-8 (broché)
ISBN : 978-1-952806-15-5 (livre électronique)
ISBN : 978-1-952806-16-2 (Audio)

Table des matières

SECTION 1 — 7

Introduction — 8

Comprendre la peur — 9

Les origines de la peur — 13

Les mécanismes de la peur	16
L'importance de surmonter la peur	22
Types de peur	28
Une vue rapprochée de la peur	32
La peur de la mort	35
La peur de l'inconnu	42
La peur de l'échec	44
La peur du rejet	53
La peur de l'insuffisance	57
Crainte de l'homme	64
SECTION 2	73
Introduction	74
Nous ne sommes pas faits pour vivre dans la peur	75
La crainte de Dieu	80
Surmonter notre crainte de Dieu	84
SECTION 3	89
Introduction	90
Les conséquences de la peur	91
La peur nous oblige à vivre à partir d'une identité erronée.	96
Fait pour l'amour	101
Faire le saut de la peur à l'amour	105
La vraie foi	107
Dernières paroles	111
Remerciements	112
À propos de l'auteur	116

Introduction

Imaginez un monde sans couleur. Ennuyeux, monotone, terne... sont quelques-uns des mots qui viennent à l'esprit. Pour simplifier, tout comme les couleurs composent ce monde, les émotions colorent chaque moment de l'existence humaine. Bonheur, douleur, peur, colère, haine, paix, calme... la plupart de nos moments de vie sont teintés de l'une ou l'autre de ces émotions ou sentiments. Plus souvent qu'autrement, une combinaison de ces sentiments aussi.

Or, les émotions sont essentiellement des sentiments générés en nous et définissent notre personnalité qui, à son tour, façonne nos équations avec les autres. Par extension, nos émotions décident de la direction générale de notre vie. Les émotions peuvent être classées en vibrations positives et négatives, en bons et mauvais sentiments. Les bonnes vibrations entraînent de bonnes conséquences tandis que les mauvaises nous entraînent vers des conséquences malheureuses.

De toutes les émotions, c'est celle que nous appelons "PEUR" qui cause le plus de problèmes et de dégâts. De la peur naît la colère, qui se transforme ensuite en haine. À partir de là, il n'y a qu'un pas à franchir pour entretenir de mauvaises pensées, et la descente vers la dégénérescence morale.

Au cours de mes années passées à aider des personnes de différents milieux, j'ai régulièrement rencontré la peur comme facteur commun derrière les problèmes auxquels ces personnes étaient confrontées. La peur est comme la valve qui ouvre le flot des problèmes. Traitez-la avec sagesse et intelligence et vous verrez vos problèmes diminuer et disparaître. Cela peut être aussi simple que cela.

En voyant à quel point ce sentiment terrible qu'est la peur est un facteur commun, j'ai senti qu'il était nécessaire de tendre la main à tous ceux qui sont confrontés à ces problèmes, qui veulent les gérer mais qui ne savent pas comment faire. Mon livre est une tentative sincère de tendre la main à toutes ces personnes que je ne peux pas rencontrer physiquement.

Au cours des prochaines pages, nous examinerons les différentes faces et dimensions de la peur, les moyens d'affronter nos peurs dans un monde réaliste pour en sortir sans peur et heureux.

Comprendre la peur

C'était en 1988. Le cadre était celui des épreuves préliminaires de plongeon des Jeux olympiques de Séoul. Tous les yeux étaient rivés sur le jeune Américain Greg Louganis qui montait sur le plongeoir et exécutait une manœuvre de 2 ½ carpé inversé. Et puis l'impensable s'est produit. Il a plongé du tremplin, s'est élevé dans les airs et en redescendant par une pirouette, son corps a heurté la planche de bois dans un bruit sourd et écoeurant ! Greg est tombé dans les eaux loin en dessous, a fait surface et a nagé jusqu'au sol. Le souffle collectif de surprise et de choc s'est dissout dans l'incertitude quant au maintien de Greg dans l'épreuve sportive.

Mais à la grande surprise de tous, Greg était de retour sur le plongeoir et a remporté deux médailles d'or dans les épreuves de plongeon aux Jeux olympiques de 1988.

Les commentateurs sportifs, les amoureux du sport et les aficionados du plongeon ont regardé la vidéo à plusieurs reprises, essayant d'analyser et de comprendre ce qui n'allait pas. De son côté, Greg a déclaré plus tard à la presse qu'il n'avait pas regardé la vidéo. Il a simplement rejeté l'incident et ses souvenirs au fond de son esprit et est retourné sur le plongeoir avec une ardoise propre. Le reste, comme on dit, c'est de l'histoire, avec un grand H.

Pour moi personnellement, le retour de Greg est un exemple exceptionnel de quelqu'un qui surmonte ses peurs et continue à gagner là où personne ne pouvait s'attendre à une victoire..

Bon, nous ne sommes pas tous Greg Louganis, mais oui, nous sommes tous confrontés à des peurs dans notre vie quotidienne, sous une forme ou une autre. Si certaines peurs sont sans conséquence, d'autres continuent à nous titiller au fil des ans, tandis que d'autres encore sont accablantes par nature, avec des conséquences qui peuvent changer notre vie. Dans le même ordre d'idées, nous avons tous des façons différentes d'aborder ce problème quintessentiel appelé "PEUR". Certains l'ignorent, d'autres s'en inquiètent, d'autres encore le gèrent, d'autres cherchent de l'aide, tandis que beaucoup y succombent.

Avant de chercher des solutions, nous devons comprendre les causes.

Commençons donc par essayer de comprendre ce qu'est la peur.....

Scientifiquement parlant, la peur est une réponse biochimique qui est présente chez la plupart des êtres vivants. Outre ce mécanisme de réponse universel, chez l'homme, la peur est également une réponse émotionnelle qui diffère d'une personne à l'autre. La réaction de peur chez l'homme dépend d'une variété de facteurs et de situations dans lesquels nous nous trouvons au cours de notre vie.

Les indicateurs courants de la peur vont de l'essoufflement et de la bouche sèche à l'accélération du rythme cardiaque, en passant par la nausée et les maux d'estomac. Dans les cas les plus graves, la peur peut également entraîner des accidents vasculaires cérébraux et des crises cardiaques. La peur peut entraîner des crises de panique, des troubles de l'anxiété sociale et une foule d'autres phobies aussi.

L'émotion de la peur est responsable de la réaction de "combat ou de fuite" que l'on observe chez les animaux. Cependant, l'histoire est légèrement différente lorsqu'il s'agit de nous, les êtres humains. Au lieu de se battre ou de fuir, la plupart d'entre nous ont tendance à s'enliser dans la peur, ce qui entraîne une cascade de conséquences désagréables - santé physique, bien-être mental, équilibre émotionnel, difficultés financières, relations ratées, échecs professionnels... la liste est longue.

Le plus drôle, c'est que la peur - un petit mot qui jouit d'une grande réputation. Les gens considèrent la peur comme un signe de faiblesse, comme quelque chose à éviter à tout prix. Personne ne veut vivre dans la peur. Si vous demandiez à une personne dans la rue si elle préfère avoir peur ou être sans peur, la grande majorité des gens vous répondraient qu'ils veulent être sans peur. La bonne nouvelle, c'est que nous pouvons affronter nos peurs et en sortir victorieux. Mais nous y reviendrons plus tard...

Il faut également se rappeler que la peur peut être déclenchée par des menaces réelles, mais aussi par des menaces imaginaires ou artificielles. En général, la peur n'est pas une sensation agréable. Bien sûr, certaines expériences peuvent provoquer une petite poussée d'adrénaline qui nous exalte. Par exemple, les visites de films d'horreur ou de maisons hantées sont associées à une expérience agréable de la peur. Mais la plupart des situations dans lesquelles les gens aiment ressentir la peur sont des expériences contrôlées et anticipées, qui ne présentent souvent que peu ou pas de perspectives de peur réelle. Imaginez ce que vous ressentiriez dans une maison hantée si elle prenait feu et que vous étiez piégé à l'intérieur. N'oubliez pas que le fait de se sentir choqué ou surpris à des fins de divertissement est très différent de la douleur ressentie dans la vie réelle. Le fait est que les gens n'apprécient pas le sentiment de peur réelle qui surgit face au danger ou à la douleur. Donc, pour commencer, il y a la peur et puis il y a la vraie peur. Pour affronter vos peurs, vous devez faire la distinction entre les deux types.

La peur se présente également sous différentes tailles et formes. La sensation désagréable que nous procure la peur a plusieurs degrés de gravité. Il peut s'agir d'un sentiment temporaire, comme le fait de penser que l'on va avoir un accident de voiture, puis de l'éviter. Cette peur peut ne durer que quelques secondes. Vous pouvez ressentir un faible niveau de peur dans votre vie quotidienne, qui est plus constant. C'est ce qu'on appelle souvent le stress ou l'anxiété. Le stress et l'anxiété sont tous deux des types de peur, mais ils proviennent davantage d'une peur perçue que d'un danger réel. Le danger du sentiment de stress est qu'il s'agit d'un niveau de peur si faible que nous finissons par l'ignorer ou l'accepter comme normal. Mais cela peut entraîner des problèmes de santé, même si la peur n'est pas très forte, car il s'agit d'un sentiment constant et continu que notre corps n'est pas censé supporter à long terme.

La peur peut aussi devenir si intense qu'elle provoque des problèmes physiques comme des crises de panique ou un rythme cardiaque élevé. La peur peut s'avérer mortelle si elle est suffisamment forte. La peur peut même causer des dommages permanents à une personne. Si une personne fait l'expérience d'un événement horrible, comme une attaque physique ou un abus prolongé, la peur peut en fait reconnecter le cerveau et causer divers problèmes qui peuvent nécessiter une aide professionnelle pour les surmonter. Même les types de peur les plus subtils, sous forme de stress ou d'anxiété, peuvent causer des dommages à une personne au fil du temps, entraînant des problèmes de santé physique et mentale.

POINTS À RETENIR

1. L'émotion de la peur est à l'origine de la réaction de "lutte ou de fuite" que l'on observe chez les animaux.

2. La bonne nouvelle est que nous pouvons affronter nos peurs et en sortir victorieux.

3. La peur se présente également sous différentes tailles et formes.

Les origines de la peur

Vous souvenez-vous de la première fois où vous avez eu peur dans votre vie ? La réponse probable vous ramènerait probablement à ces souvenirs lointains de votre enfance, lorsque vous avez commencé à aller à l'école. Pour la plupart des gens, ce sont généralement ces premiers jours à l'école qui constituent les premiers souvenirs de peur. Il n'est pas étonnant que, arraché aux confins sécurisés de votre maison et à la présence réconfortante de votre famille, vous vous retrouviez soudain au milieu d'inconnus.

Il est intéressant de noter que nous n'en sommes pas conscients, mais que notre quête de la peur commence dès notre naissance. Des chercheurs ont identifié deux peurs avec lesquelles les humains naissent : la peur de tomber et la peur des bruits forts.
Selon les scientifiques, la peur de tomber est un instinct de survie fondamental pour de nombreuses espèces. De même, la peur des sons forts, scientifiquement appelée réflexe de sursaut acoustique, contribue à affiner les réactions de "combat ou de fuite" chez l'homme et la plupart des êtres vivants.

Si l'on se rappelle nos souvenirs d'enfance à l'école, c'était certainement une expérience traumatisante pour la plupart d'entre nous ! Mais au fil du temps, on s'adapte rapidement à la nouvelle normalité et on commence à apprécier les expériences. Au fil du temps, les peurs initiales disparaissent, mais on rencontre de nouvelles situations qui nous remplissent d'effroi. Certaines peurs disparaissent avec le temps, tandis que d'autres continuent à vous hanter pendant de longues périodes, voire toute votre vie.

Comme vous pouvez le constater, la peur et l'existence humaine sont intimement liées. L'astuce consiste à savoir quelles peurs laisser tomber et lesquelles affronter pour devenir un meilleur être humain.
La plupart des gens seraient d'accord pour dire qu'ils veulent être libérés de la peur dans leur vie, mais être sans peur n'est pas la même chose que de vivre une vie sans peur. Vous ne serez jamais en mesure d'éliminer toute peur de votre vie. Être sans peur, c'est ce qui se passe lorsque vous savez comment utiliser la peur à votre avantage. Cela

peut sembler impossible, mais vous pouvez y parvenir une fois que vous aurez compris certaines choses sur la peur.

La peur est souvent considérée comme une réponse automatique. Vous entendez un bruit étrange ; vous ressentez instantanément un sursaut de peur. Une personne à l'allure douteuse marche dans la rue vers vous, et la peur se manifeste à nouveau. Mais la peur n'est pas automatique. Tous les humains ont une peur instinctive, bien que la plupart des peurs soient enseignées ou apprises.
La peur instinctive est nécessaire à la survie. Ce type de peur empêche une personne d'être trop imprudente et l'aide à éviter des destins comme celui d'être déchiqueté par des tigres. Il s'agit d'une caractéristique d'auto-préservation qui est intégrée dans le câblage de base de notre cerveau. C'est aussi ce qui fait qu'une personne réagit à une chose effrayante en se défendant, en fuyant ou en se figeant. Ce type de peur est important car il contribue à vous garder en sécurité et en vie.

La peur acquise vient des années où l'on vous a dit que vous deviez avoir peur de quelque chose. Dans notre enfance, ce sont les parents ou les enseignants qui nous ont appris que courir avec des ciseaux pouvait être dangereux. Ils nous ont probablement appris que les étrangers doivent être craints car ils peuvent nous faire du mal. Certaines de ces peurs sont importantes. Il faut apprendre aux enfants qu'ils risquent de se blesser en courant dans la circulation, et il est préférable qu'on le leur apprenne plutôt que de le faire par expérience. Cependant, il existe de nombreuses peurs acquises qui ne sont pas forcément bénéfiques.

Certaines peurs acquises peuvent également avoir été transmises au sein de la famille, ce qui permet à des schémas malsains de perdurer pendant des générations. Par exemple, un parent peut avoir peur d'aller chez le dentiste et transmettre cette peur à ses enfants, créant ainsi un cycle de mauvais soins dentaires qui ne profite à personne. La peur enseignée peut également provenir, à un niveau plus large, de la société. Certains groupes de personnes peuvent être présentés comme dangereux et doivent donc être craints. C'est de là que viennent le racisme et les préjugés. Beaucoup de ces peurs sont infondées ou irrationnelles, mais elles s'inscrivent dans le psychisme d'une personne parce qu'elles sont considérées comme des peurs "normales" au sein de la société, de la famille ou des amis.

D'autre part, la peur acquise vient avec l'âge et par l'expérience personnelle. Un enfant peut explorer de nouvelles choses, comme brancher des ustensiles dans des prises électriques. Après avoir subi un choc électrique désagréable, il comprend que les prises de courant ne doivent être utilisées que pour les fiches. Mais la peur acquise ne se limite pas aux choses qui peuvent assurer la sécurité d'une personne. Vous pouvez également apprendre des choses comme la méfiance. Peut-être qu'un ami vous a trahi ou a révélé un secret et que cela vous a conduit à craindre de vous ouvrir aux autres. La peur apprise peut être bénéfique, mais ne doit pas toujours l'être.

La peur apprise est peut-être la plus difficile à surmonter, car elle s'installe généralement à la suite d'une expérience personnelle. Une fois qu'une personne a vécu une expérience douloureuse, que ce soit physiquement ou émotionnellement, il est difficile de la surmonter car elle se souvient de cette peur et conservera le désir et l'instinct d'éviter la douleur ressentie lors de cette expérience. Les peurs apprises sont aussi souvent les plus dommageables. Elles peuvent se former de manière irrationnelle, vous empêcher d'être proche des gens, de tenter de nouvelles expériences ou de faire un pas de foi pour faire quelque chose que vous trouvez intimidant.

POINTS À RETENIR

1. Notre quête de la peur commence au moment de notre naissance.

2. La peur instinctive est nécessaire à la survie.

3. Les peurs apprises sont souvent les plus graves.

Les mécanismes de la peur

La peur n'est pas une émotion isolée. Elle se construit sur elle-même et sur d'autres sentiments. Plus vous avez peur, plus vous ressentirez de la peur. Toute réaction de peur supplémentaire amplifiera ce que vous ressentez déjà, augmentant ainsi votre peur globale. Le fait d'être dans un état de conscience élevé peut rendre effrayantes même des choses anodines. Par exemple, si vous avez regardé un documentaire sur les araignées venimeuses et que vous avez peur des araignées, l'étiquette de votre chemise qui vous chatouille le cou peut soudainement ressembler à une araignée rampante, ce qui vous fait réagir avec peur à quelque chose d'absolument inoffensif. Un coup frappé à la porte pendant que vous regardez un film d'horreur peut suffire à faire hurler de terreur une personne qui n'aurait normalement pas d'autre réaction que de se diriger vers la porte en se demandant tranquillement qui pourrait se trouver de l'autre côté.

Si vous êtes contraint de vivre une expérience qui déclenche une peur apprise ou enseignée, l'expérience peut être encore plus dramatique. Pour une personne qui a peur de l'avion, la moindre petite turbulence pendant le trajet en avion peut provoquer une anxiété extrême. Le cerveau active toutes les réactions de peur antérieures à l'expérience de l'avion et utilise l'imagination pour créer un scénario qui donne l'impression que la fin du monde est proche. Pour une personne qui n'a pas cette peur, il se peut qu'elle ne remarque même pas la petite bosse qui a poussé la personne assise à côté d'elle à transpirer et à serrer sa ceinture de sécurité. De même, une personne qui a peur de perdre son emploi peut ressentir une anxiété intense lorsqu'elle est convoquée dans le bureau de son patron, même s'il ne s'agit que d'une réunion banale. Les cerveaux qui ont déjà peur réagissent plus fortement à tout ce qui semble nourrir cette peur particulière.

La peur est une émotion forte qui provoque diverses réactions. Les quatre types courants de réactions à la peur sont le gel, la lutte ou la fuite et la frayeur. Vous avez probablement connu l'une ou plusieurs de ces réactions face à la peur.

L'effroi est la réaction courante du "cerf dans les phares". La situation semble tellement écrasante que votre esprit panique à tel point que vous ne pouvez pas décider de ce qu'il faut faire ensuite. Au lieu d'agir, vous êtes consumé par la peur et vous finissez par ne rien faire. Par exemple, si vous recevez un mémo indiquant que l'entreprise pour laquelle vous travaillez prévoit plusieurs licenciements au cours de la semaine à venir, la peur vous fera perdre le sommeil et l'appétit, votre rythme cardiaque sera élevé et vos fonctions cérébrales limitées, mais vous ne ferez rien pour améliorer la situation. Cette réaction vous rendrait incapable de penser clairement et de réagir efficacement. Le fait de ressentir de la peur, pendant assez longtemps, mène au désespoir et à la dépression.

La réaction de peur finit par laisser une personne sans rien faire d'autre que s'inquiéter, assise et attendant de recevoir un appel téléphonique pour venir au bureau du patron. C'est une réponse improductive qui conduit à un état émotionnel entravé. En fait, cette réponse peut même aggraver la situation. L'entreprise doit peut-être choisir entre deux candidats. L'un d'eux s'est comporté comme l'employé modèle au cours de la semaine écoulée, tandis que l'autre est un véritable gâchis, incapable d'accomplir correctement son travail. Dans ce scénario, la peur peut devenir une prophétie auto-réalisatrice - la réponse de peur conduit au résultat le plus effrayant.

La réaction de fuite est celle qui pousse une personne à s'échapper ou à s'enfuir à tout prix. Le danger imminent est trop grand, alors on le fuit plutôt que de l'affronter. La fuite semble être le meilleur moyen d'éviter la douleur causée par ce qui a provoqué la peur. Dans l'exemple des licenciements de l'entreprise, une réaction de fuite peut amener la personne qui a reçu l'e-mail de licenciement à démissionner soudainement. Elle pourrait penser qu'il n'y a aucune raison d'attendre d'être licenciée et que son temps serait mieux employé à chercher un autre emploi.

Cette réaction peut être néfaste pour de nombreuses raisons. Elle peut amener une personne à quitter un emploi qu'elle n'aurait jamais perdu en premier lieu. En évitant le danger perçu, elle ne reste jamais assez longtemps pour savoir si le danger est réel. Cela peut entraîner une tendance à l'évitement - pourquoi faire face à une situation de panique quand on peut simplement s'enfuir et ne pas y faire face ? Cette réaction peut être nuisible de deux manières principales. La première est que la personne qui fuit n'apprendra peut-être jamais à affronter la peur ou à faire face à une situation douloureuse. En évitant toujours une situation douloureuse, elle n'a jamais l'occasion de surmonter sa peur et sa douleur. La deuxième façon de nuire est que la fuite peut accélérer l'apparition de la situation indésirable. Démissionner avant d'être licencié a le même résultat que de se retrouver sans emploi et élimine tout avantage qui aurait pu découler d'un licenciement, comme une indemnité de départ ou une aide pour trouver un nouvel emploi.

Se battre n'est souvent pas non plus la meilleure réponse. Dans le cas d'une attaque physique, se défendre peut être la meilleure option, mais ce n'est pas souvent le cas. Une personne qui réagit par la bagarre à un courriel de licenciement peut contacter le patron pour se plaindre. Il pourrait se mettre en colère et jeter des papiers de son bureau ou provoquer une scène inconfortable. Mais si elle parvient à rester calme, la riposte peut se traduire par un entretien avec le patron et le convaincre de licencier quelqu'un d'autre.

Il est facile de voir pourquoi la riposte peut être une réponse néfaste. Mis à part les rares fois où la riposte est utile, cette réponse cause souvent plus de problèmes au bout du compte. Imaginez une personne qui a peur de l'avion. Dans le cas de turbulences aériennes, la réaction de lutte peut l'amener à écarter une personne qui bloque l'allée de peur d'être coincée dans un avion qui s'écrase. La personne effrayée peut provoquer suffisamment de remous pour être expulsée de l'avion afin d'assurer la sécurité des autres. Une réaction de lutte peut amener un parent à frapper un enfant qui a fait quelque chose d'imprudent qui aurait pu le blesser. Elle peut aussi conduire un conjoint à se comporter de manière abusive, ce qui nuirait considérablement au mariage et aux deux personnes qui le composent, la peur initiale semblant sans importance par rapport au nouveau problème d'une dispute physique. Le "gel" peut être la meilleure réponse à la peur. C'est différent de la réaction de peur, car contrairement à l'absence de réaction due à la peur, la congélation peut donner à la personne une pause suffisante pour lui permettre de réfléchir et d'agir plus clairement. Dans l'exemple du licenciement évoqué précédemment, si vous réagissez en vous figeant, vous risquez de lire l'e-mail et d'arrêter le projet en cours. Cela pourrait vous faire perdre votre concentration et ne penser qu'à la peur que vous ressentez maintenant. Mais cela pourrait avoir l'effet positif de vous permettre de souffler un peu et de décider comment aller de l'avant. Il est peut-être temps de faire le ménage dans votre CV, ou peut-être qu'une discussion sincère avec la direction leur rappellera toutes les façons dont vous avez été un employé productif au fil des ans.

Cependant, cela n'est pas toujours bénéfique. Certaines décisions doivent être prises rapidement. Si une personne est confrontée à une voiture hors de contrôle qui fonce sur elle, le fait de s'arrêter pour réfléchir à ce qui se passe la conduirait à avoir un accident. Utilisée à bon escient, la réaction de figement peut donner à une personne suffisamment de temps pour prendre la meilleure décision. Mais elle peut aussi l'amener à ne pas prendre de décision du tout et à échouer parce qu'elle était trop concentrée sur le problème et n'a pas trouvé de solution assez rapidement.

Chaque type de réponse a un moment où il peut être bénéfique, mais la plupart du temps, ces réponses conduisent à plus de mal. Plus on se concentre et plus on est obsédé par une peur, plus elle semble effrayante et plus elle risque de causer des dommages durables.

Le type de menace auquel une personne est confrontée peut déterminer le type de réponse qui émerge/évolue. Une peur imaginaire entraîne souvent l'inaction, alors qu'une menace immédiate entraîne l'action. Une situation qui vous inquiète, que vous imaginez se produire et qui vous stresse, nécessite peu d'action puisque la menace n'est qu'imaginaire. Il faut souvent une menace plus réelle pour susciter une réponse active. Il est facile de rester assis à s'inquiéter toute la journée sans rien faire, mais si le danger frappe à votre porte, vous devrez faire quelque chose - soit y faire face, soit courir et vous cacher. Une peur imaginaire provoque souvent une sorte de paralysie stressée, mais d'un autre côté, une menace réelle peut provoquer une frénésie d'action panique.

C'est pourquoi le fait de lire des articles sur les maladies cardiaques ne changera peut-être pas la façon dont une personne s'alimente, mais une crise cardiaque l'enverra au magasin d'aliments naturels et l'obligera à se débarrasser de tous les aliments frits qu'elle conservait dans le congélateur. Pour obtenir une réelle action, il faut qu'il y ait une réelle menace. Vous avez peut-être entendu des histoires de parents accomplissant des actions héroïques comme soulever des voitures pour sauver leurs enfants. Il s'agit d'une tâche impossible que seule une montée d'adrénaline alimentée par la peur peut rendre possible. Si ce même parent s'asseyait et pensait seulement à un véhicule écrasant son bébé, il ressentirait de la peur, mais ce ne serait pas suffisant pour lui permettre de soulever une voiture.

Au cas où vous vous demanderiez ce qui se passe exactement dans votre corps lorsque vous êtes confronté à une situation de "peur" potentielle, laissez-moi vous expliquer : Le processus de la peur commence dans le cerveau et fait son chemin dans tout le corps pour le préparer à la meilleure réponse de combat ou de fuite. La réaction de peur prend naissance dans l'amygdale, une région du cerveau. En forme d'amande et situé dans le lobe temporal du cerveau, cet ensemble de noyaux est spécialisé dans l'estimation de la pertinence émotionnelle de tout stimulus que nous rencontrons.

Par exemple, l'amygdale entre en action dès que nous voyons des émotions sur le visage d'un autre être humain. Cette réaction de l'amygdale est plus prononcée lorsque des émotions comme la colère et la peur apparaissent sur le visage de l'autre personne. Le processus implique également la libération d'hormones de stress et l'activation du système nerveux sympathique.

Toute cette activité entraîne des changements corporels qui nous équipent mieux pour faire face aux situations de danger. Le cerveau passe en mode hyperalerte avec une dilatation des pupilles et des bronches tandis que le rythme respiratoire s'accélère. Le rythme cardiaque s'accélère et la pression artérielle augmente, ce qui accroît le flux sanguin et l'apport de glucose aux muscles squelettiques. Simultanément, on peut observer un ralentissement significatif des organes non vitaux dans de telles situations.

L'amygdale travaille en étroite collaboration avec l'hippocampe, qui fait également partie du cerveau. Le cerveau utilise l'hippocampe et le cortex préfrontal pour interpréter la menace potentielle. Ensemble, les deux organes gèrent le traitement de haut niveau du contexte, afin d'identifier si une menace est réelle ou perçue.

> **POINTS À RETENIR**
>
> 1. La peur n'est pas une émotion isolée.
>
> 2. Les quatre types courants de réactions à la peur sont le frisson, la lutte ou la fuite et la crainte.
>
> 3. Avoir peur, assez longtemps, conduit au désespoir et à la dépression.

L'importance de surmonter la peur

Essayez de connaître leur histoire d'enfance préférée, et la majorité des gens répondront certainement par un "David et Goliath" catégorique. Et pourquoi pas ? Pour les enfants de tous âges, l'image mentale du jeune David terrassant le puissant Goliath avec un simple caillou est une histoire fascinante de défi par la Foi sur le chemin de la victoire.

Imaginez… deux fois par jour, Goliath se pavanait, défiant les Israélites dans un combat à un contre un. Et pour les Israélites, c'était un cauchemar quotidien, car ils reculaient de peur, hypnotisés par la taille et la puissance de Goliath, et par la perspective d'une mort douloureuse. Aucun d'entre eux n'osait défier Goliath. Cela a duré 40 jours, jusqu'à ce que le jeune David intervienne lorsqu'il a entendu parler de la récompense pour avoir vaincu Goliath.

Alors que Goliath était couvert d'une armure et tenait un javelot mortel, David n'était armé que d'un bâton, d'une fronde et de cinq pierres. De plus, David n'était qu'un enfant par rapport au gigantesque Goliath. Mais toutes ces différences n'ont pas fait fuir David du combat. Il visa simplement le front de Goliath et lâcha un caillou de sa fronde, et le reste, comme on dit, est de l'ordre du rêve !

Plus de deux mille ans plus tard, on se souvient encore de David pour son héroïsme et il est également utilisé comme étude de cas dans les cours de gestion d'entreprise.

Alors, qu'est-ce qui a permis à David de se distinguer de ses compatriotes ? La réponse est la PEUR ou l'absence de peur. Alors que les autres Israéliens ont laissé leur peur de la défaite, du démembrement et de la mort les freiner, David s'est débarrassé de ses peurs et a suivi le chemin de la foi vers la victoire et la gloire.

La morale de cette histoire est que, peu importe qui vous êtes, ce que vous faites, d'où vous venez, vous pouvez surmonter vos peurs et vivre une vie heureuse et glorieuse.

Tout ce que vous devez faire, c'est faire le premier pas vers la guérison. Alors, voyons comment faire pour vaincre nos peurs...
À ce stade, je voudrais souligner l'importance d'une stratégie à deux volets pour s'attaquer efficacement à vos peurs et en sortir victorieux. Essentiellement, notre approche consiste à utiliser des mesures pratiques et à les compléter par des quantités généreuses d'apports spirituels. Croyez-moi, il n'y a pas de meilleur système de soutien que Dieu et sa parole réconfortante, pour chasser les démons de la peur dans nos esprits.

Affrontez vos peurs : Pour sortir de l'ombre de la peur, la première chose à faire est de la regarder en face. Éviter les situations qui vous effraient ne fera que retarder le processus de guérison. Par conséquent, vous ne ferez que cesser de faire les choses que vous devez faire ou que vous avez à faire. De plus, vous ne saurez pas avec certitude si vos peurs sont réelles ou imaginaires. N'oubliez pas que les problèmes liés à l'anxiété ont tendance à prendre de l'ampleur si on ne s'en occupe pas. C'est pourquoi il est logique de faire face à ses peurs.

Comprenez-vous : Essayez honnêtement d'en apprendre le plus possible sur votre peur ou votre anxiété spécifique. Tenez un journal de l'anxiété pour noter vos sentiments et vos réactions à chaque fois que vous vous trouvez dans de telles situations. Vous pouvez toujours commencer modestement en vous fixant des objectifs réalisables pour faire face à vos appréhensions. Essayez d'avoir sur vous une liste de choses qui vous aident dans les moments où vous avez tendance à avoir peur ou à être anxieux. De nombreuses personnes ont trouvé que c'était un moyen pratique de résoudre les systèmes de croyances primaires qui déclenchent vos peurs et vos crises de panique.

L'exercice physique : Un exercice physique régulier et modéré peut être le remède idéal à vos problèmes de peur. En plus de tonifier votre corps, les exercices physiques ont un effet salutaire sur l'esprit, grâce aux hormones bénéfiques libérées par le corps. De plus, faire de l'exercice physique de la bonne façon requiert une certaine concentration, ce qui peut détourner votre esprit des pensées et des sentiments négatifs.

Détendez-vous : La pratique de techniques de relaxation est un bon moyen de gérer positivement les caractéristiques mentales et physiques de la peur. Des mouvements simples, comme laisser tomber vos épaules et respirer profondément, peuvent aider votre corps à se détendre très rapidement. Vous pouvez également explorer des options telles que le tai-chi, le yoga, la méditation, ou vous offrir des séances de massage corporel.

Mangez sainement : Mangez beaucoup de fruits et de légumes tout en évitant l'excès de sucre après avoir dûment consulté votre médecin. Évitez autant que possible le thé et le café, car la caféine peut augmenter le niveau d'anxiété.

Il est bon de ne pas consommer d'alcool ou d'en consommer peu : De nombreuses personnes trouvent du courage dans une bouteille d'alcool, lorsqu'elles font face à leurs peurs ou à leurs angoisses. Si l'absorption de ce "courage hollandais" peut être une expérience agréable, une fois les effets de la boisson dissipés, vous constaterez que les problèmes restent là où ils étaient. En fait, les effets secondaires de la consommation d'alcool peuvent vous rendre encore plus tendu et inquiet.

La foi compte : Pour obtenir des résultats rapides et durables, ne vous limitez pas à l'aspect pratique, mais tournez-vous vers l'aspect spirituel. Le meilleur et le plus évident antidote à la peur est la conscience de l'amour de Dieu. En méditant et en réalisant à quel point Dieu est merveilleux, vous commencez à maîtriser vos émotions, ce qui peut réduire les sentiments de peur et d'anxiété. Le fait de savoir que Dieu est notre protecteur peut soulager beaucoup d'anxiété. Nous savons que Jésus a dit que son joug est facile et son fardeau léger (Matthieu 11:30). Il dit de rejeter tous nos soucis sur Lui. Le Psaume 91 est un excellent chapitre à méditer.

La foi en Dieu tout-puissant vous donne la force mentale et la résilience nécessaires pour faire face au stress et aux contraintes de la vie quotidienne. C'est une excellente idée de fréquenter régulièrement l'église du Seigneur Jésus Christ et les groupes de prière similaires.

Vivre sa vie entouré de peurs peut être dangereux pour vous et vos proches. Qu'il s'agisse des risques pour la santé physique et émotionnelle ou de la tendance à agir sans réfléchir, la peur peut finir par nous faire faire des choses que nous ne devrions normalement jamais faire. Outre les problèmes de santé qu'elle engendre, la peur peut même raccourcir la durée de vie. Elle peut aggraver une mauvaise situation ou transformer une situation perçue en réalité. La vérité est que, si la peur peut parfois vous protéger, elle peut aussi vous enfermer dans une cage d'insécurité.

Par conséquent, la question est la suivante : si la peur est si débilitante, comment pouvez-vous la gérer de manière à ce qu'elle vous apporte des avantages et rende votre vie productive ? Comment pouvez-vous surmonter les réponses écrasantes qui pourraient potentiellement aggraver la situation ?

Le sentiment que nous éprouvons lorsque quelque chose n'est pas correct, quelles que soient les circonstances dans lesquelles nous nous trouvons, est la manière dont Dieu essaie de nous faire prendre conscience de ce qu'il en est ou de ce qui peut arriver si nous restons là où nous sommes à ce moment précis. Je n'appellerais pas cela de la peur. Parce que Jésus a dit : "Je vous donne ma paix", Jean 14:27 et 2 Tim 1:7 Paul dit à Timothée que nous n'avons pas reçu l'esprit de crainte.

Maintenant, voici la bonne nouvelle. Jésus est la réponse à toutes nos peurs. La méditation de la parole du Christ vous maintiendra dans une paix parfaite car votre esprit sera sain en Lui et cela seul vous gardera loin de la peur. Dieu ne veut pas que vous restiez prisonnier de la peur, incapable d'agir. Certains dictionnaires définissent la peur comme suit : "une émotion pénible suscitée par l'imminence d'un danger, d'un mal, d'une douleur, etc., que la menace soit réelle ou imaginaire ; le sentiment ou la condition d'avoir peur". L'Urban Dictionary définit la peur de manière plus précise : "La peur est le tueur d'esprit. La peur est la petite mort qui entraîne l'effacement total." Si vous faites confiance à Dieu et que vous reposez votre esprit sur le fait qu'il se soucie de vous et de tout ce qui vous concerne, sa paix montera la garde sur toutes vos pensées et tous vos sentiments. La paix de Dieu peut faire cela bien mieux que nos esprits humains.

"Tu gardes dans une paix parfaite celui dont l'esprit est fixé sur toi, parce qu'il se confie en toi. Mets ta confiance dans le Seigneur pour toujours, car le Seigneur Dieu est un rocher éternel (Ésaïe 26:3-4 ESV)."

À ce stade, je pense qu'il est logique pour nous de nous pencher sur quelqu'un qui a inspiré des générations et qui continue de le faire à travers les millénaires. Les "Dix commandements" et l'histoire de Moïse sont une leçon profonde pour tous ceux qui cherchent des réponses à leurs peurs. Depuis sa jeunesse dans le palais du pharaon, où il a dû faire face à la dure réalité de sa lignée hébraïque, jusqu'à ce qu'il conduise sans relâche son peuple vers la terre choisie, contre toute attente, Moïse est une source d'inspiration pour tous ceux qui souhaitent vaincre leurs peurs par l'amour de Dieu.

En tant qu'Hébreu né dans l'Égypte ancienne, Moïse était destiné à une vie d'esclavage. Mais c'est le destin qui l'a conduit à une vie royale dans le palais royal après avoir été sauvé par la fille du pharaon qui a trouvé le petit enfant dans un panier en osier, flottant sur le Nil. En découvrant ses racines, Moïse a quitté l'Égypte et s'est installé dans le désert pour y mener une vie banale. C'est la première fois que Moïse fait face aux incertitudes de la vie, alors qu'il aurait pu facilement s'asseoir sur la vérité et profiter d'une vie de luxe jusqu'à sa mort. Je pense que c'est une situation où Moïse a affronté ses peurs. Mais d'autres choses l'attendaient... pour les quarante prochaines années au moins !

Le moment important suivant se produit lorsque Dieu ordonne à Moïse de conduire son peuple hors d'Égypte. C'est un autre tournant dans la vie de Moïse, qui doit retourner en Égypte et demander au pharaon de libérer des milliers d'esclaves et de leur permettre de quitter le pays. Moïse est assailli par des doutes et des craintes et fait tout son possible pour se sortir de cette situation.

Finalement, Moïse comprend qu'il n'est qu'un outil entre les mains de Dieu et relève les défis qui l'attendent. C'est sa foi et sa confiance en Dieu qui l'on conduit vers la réalisation de ses objectifs. La morale de l'histoire est simple : croyez et faites confiance à Dieu, et vous réussirez. Dans le chemin pour combattre vos peurs, vous rencontrerez des situations où la présence de Dieu sera vitale. N'oubliez pas qu'il est là pour vous.

Ensemble, vous et moi, avec Dieu à nos côtés, nous vaincrons nos peurs et nous marcherons sur le chemin d'une vie de paix et de Bonheur, par la grace de Dieu.

POINTS À RETENIR

1. Il est logique de faire face à ses peurs.

2. L'exercice physique régulier et modéré peut être un bon médicament pour vos problèmes de peur.

3. Les techniques de relaxation sont un bon moyen d'aborder les caractéristiques mentales et physiques de la peur.

4. Jésus est la réponse à toutes nos craintes.

Types de peur

La plupart des peurs évoquées jusqu'à présent sont liées au danger. Courir dans la rue est dangereux parce qu'une voiture peut arriver et provoquer un accident, entraînant douleur et souffrance. Que le danger soit réel, comme dans le cas des choses qui peuvent blesser physiquement quelqu'un, ou qu'il soit imaginaire, comme dans le cas de certains groupes de personnes qui sont perçus comme un danger pour la société, la plupart des peurs proviennent du désir d'éviter la douleur. Comme toujours, la douleur n'est pas forcément uniquement physique.

La douleur émotionnelle engendre également la peur. Un enfant dont le père a quitté la maison peut avoir une peur de l'abandon qui durera toute sa vie. Une personne qui a eu le cœur brisé peut craindre d'entamer une autre relation amoureuse. Cette peur est toujours présente parce qu'il y a une perception qu'une sorte de douleur va se produire, et si une action peut causer de la douleur, elle est considérée comme dangereuse par le cerveau.

Souvent, les peurs sont complètement imaginées. Comme votre cerveau est très efficace pour vous protéger, même si vous pensez à des choses qui pourraient être dangereuses ou causer de la douleur, votre cerveau pourrait réagir à cette peur. Avez-vous déjà attendu que quelqu'un arrive chez vous, mais il était en retard et injoignable par téléphone ? Au bout d'un moment, vous avez probablement commencé à craindre que quelque chose de grave lui soit arrivé. Votre cerveau imagine toutes les choses qui pourraient être mauvaises et la douleur qui surviendrait si la personne avait été blessée. En quelques minutes, vous devenez effrayé et inquiet, votre cœur s'emballe et vos mains sont moites, tout cela parce que vous avez imaginé un scénario - totalement faux - qui cause de la douleur.

Comme notre cerveau est très efficace, il n'est pas nécessaire qu'il y ait un danger réel pour qu'une personne ait peur. Les peurs qui résultent de quelque chose d'appris ou d'enseigné peuvent provoquer la réaction d'une personne à quelque chose qui n'est pas toujours effrayant. Une araignée inoffensive, par exemple, peut provoquer chez certaines personnes une réaction physique et une grande peur.

Pourtant, l'araignée ne présente aucun danger réel. À travers l'anxiété et l'inquiétude, la peur peut être présente pour quelque chose qui ne s'est même pas produit ou qui ne se produira jamais. Ces peurs peuvent être les plus débilitantes car elles sont régies par l'imagination du cerveau plutôt que par un danger clair et présent. Votre cerveau puissant est capable d'inventer les pires scénarios, de vous tenir éveillé toute la nuit avec de l'anxiété, ce qui vous cause du tort à long terme.

Plus près de nous, lorsque nous en arrivons aux aspects pratiques de la peur dans notre vie quotidienne, le tableau peut être décourageant. La phobie est la terminologie scientifique de la peur, et elle peut se manifester dans nos vies sous une ou plusieurs des nombreuses formes répertoriées ou non dans les textes médicaux. En fait, les phobies ont été reconnues comme l'une des maladies mentales les plus répandues aux États-Unis. Selon le National Institute of Mental Health, pas moins de 8 % des adultes américains souffrent d'un certain type de phobie. Par ailleurs, les femmes, plus que les hommes, sont plus susceptibles de souffrir d'une forme ou d'une autre de phobie. Comme nous l'avons vu précédemment, les phobies peuvent se manifester par des signes tels que des nausées, des tremblements, des battements de cœur accélérés, des sensations de réalité disloquée et une fixation sur l'objet de la peur.

Selon les critères de l' association américaine de psychiatrie (APA), les peurs ou phobies peuvent être classées en trois grandes catégories :

- **PHOBIE SOCIALE** – La phobie sociale est la peur d'interagir avec les autres et peut avoir un effet négatif sur les relations professionnelles, sociales et familiales d'une personne. La plupart des personnes aux prises avec des problèmes de phobie sociale éprouvent des difficultés à atteindre leurs objectifs éducatifs et professionnels. Dans les cas extrêmes, les personnes souffrant de phobie sociale peuvent devenir recluses au point d'éviter toute situation sociale.

- **AGORAPHOBIE** - il s'agit d'un type de trouble anxieux caractérisé par la peur de lieux ou de situations qui pourraient vous faire sentir piégé, impuissant ou embarrassé, ce qui entraîne une panique. Les situations typiques sont les transports en commun, les espaces ouverts ou fermés, les files d'attente ou le fait d'être coincé dans une foule.

- **PHOBIE SPÉCIFIQUE** - Lorsqu'une phobie est liée à la peur d'un objet spécifique, on parle de phobie spécifique. La cause peut être n'importe quoi, des lézards aux aiguilles en passant par l'eau.

Les psychiatres ont supposé que les déclencheurs de phobies sont classés en quatre grandes catégories :

a. L'environnement naturel : Par exemple, l'astraphobie ou la peur de la foudre, l'hydrophobie ou la peur de l'eau.

b. Les animaux : Les exemples vont de la batrachophobie ou peur des lézards à l'équinophobie se traduisant par la peur des chevaux

c. Mutilations et traitements médicaux : Exemples tels que l'hémophobie ou la peur du sang, et la trypanophobie signifiant la peur des seringues médicales.

Situations : La claustrophobie ou la peur des espaces clos et l'aérophobie ou la peur de l'avion sont des exemples typiques de phobies ou de peurs situationnelles.

Les plus perspicaces d'entre nous se rendront compte que, comme toute autre émotion, la peur est une information et nous apporte la connaissance et la compréhension, si nous décidons de la reconnaître et de l'accepter.

Maintenant, si nous passons soigneusement au crible les couches et déballons méthodiquement les contours de la peur, nous finirons par nous rendre compte que seules cinq peurs fondamentales constituent la base de la myriade de phobies qui contrôlent nos vies et notre orientation. Ce sont :

- **Extinction**—est la première des cinq peurs et concerne la crainte de l'anéantissement, ou de la fin de notre existence. L'idée même de ne plus exister suscite une anxiété existentielle primaire chez les personnes normales. Rappelez-vous cette sensation effrayante que vous ressentez au creux de l'estomac lorsque vous jetez un coup d'œil par-dessus le bord d'un grand immeuble.

- **Mutilation**—La perspective de perdre une ou plusieurs parties de notre corps physique peut donner des frissons aux plus courageux d'entre nous. La peur de voir les limites de notre corps réduites, de perdre la fonctionnalité d'un organe, d'une partie du corps ou de son utilisation dans notre vie quotidienne est une sensation traumatisante. Les phobies suscitées par la vue d'insectes et de reptiles, tels que les lézards, les araignées, les serpents et autres créatures, sont essentiellement dues à la peur sous-jacente de la mutilation.

- **Perte d'autonomie** – en d'autres termes, la peur de l'immobilité, de la paralysie, de la restriction des mouvements, d'être enveloppé ou piégé, de se sentir accablé ou étouffé, d'être piégé ou emprisonné. Cette peur fondamentale émane de la panique de se retrouver sous l'emprise de circonstances indépendantes de votre volonté. Identifiée scientifiquement comme la claustrophobie, ce type de peur influence également les interactions sociales et les relations.

- **Séparation**—implique la peur d'être abandonné, rejeté, et la perte potentielle de liens ; de devenir une personne non gratifiée - être indésirable, perdre le respect ou la valeur des autres. Le "traitement silencieux" typique, ou le boycott social que l'on subit, généralement de la part d'un groupe de personnes, peut vous laisser un effet dévastateur si vous êtes la cible.

▸ **La mort de l'ego**—tourne autour la peur d'être humilié ou déshonoré, ou de tout autre processus d'auto-dévalorisation intense qui entraîne une perte d'intégrité de soi. La mort de l'ego se produit lorsque le sentiment imaginaire de valeur d'une personne est brisé. Elle affecte sérieusement le moral et les capacités de la personne affectée.

Une vue rapprochée de la peur

Lorsque nous nous mettons à la recherche de la peur dans le quotidien, nous constatons que la plupart des peurs sont généralement centrées sur quelques domaines majeurs : la mort, l'inconnu, l'échec, le rejet, l'insuffisance et l'homme.

En examinant les domaines énumérés ci-dessus, plusieurs questions ne manqueront pas de surgir dans votre esprit. Par exemple, pourquoi ne parlons-nous que de ces domaines ? Certains d'entre vous pourraient se demander pourquoi l'échec, le rejet et l'insuffisance sont mentionnés séparément au lieu d'être regroupés. De même, nombreux sont ceux qui pensent que la mort est inévitable, alors pourquoi la craindre ? Et puis il y en a beaucoup qui ont du mal à comprendre que la peur de l'homme soit une pierre d'achoppement majeure dans nos vies.

Il est intéressant de noter que tous ces domaines - individuellement ou en combinaison - sont à l'origine des peurs qui rongent l'âme de millions de personnes dans le monde. En poursuivant votre lecture, vous verrez l'importance et l'impact que les peurs issues de ces domaines ont sur votre vie ou celle de vos proches.

Regardons les choses en face, toute personne vivante réfléchit à ce qui se passera lorsqu'elle ne sera plus en vie : le sort de sa famille, de son entreprise, de sa fortune. Notre peur de la mort est tellement ancrée que nous renonçons à tous les petits plaisirs dans l'attente du jour où nous ne serons plus en vie. De même, beaucoup d'entre nous sont pris de frissons à la perspective d'affronter les incertitudes de l'inconnu. Et il y en a d'autres qui ne s'aventurent jamais à faire quoi que ce soit par peur d'être rejetés par les autres. Le sentiment d'insuffisance a été cité comme la cause principale des problèmes de santé mentale d'un pourcentage important de personnes souffrant de problèmes relationnels. Et enfin, la peur de nos semblables, en termes d'acceptation et d'approbation, est quelque chose que nous avons tous vécu à un moment ou à un autre de notre vie.

Aujourd'hui, des millions de personnes ont surmonté leurs peurs en comprenant les causes profondes, en identifiant les solutions, et enfin en appliquant ces solutions dans leur vie quotidienne. Il va sans dire que la prière et la contemplation spirituelle jouent un rôle crucial dans la guérison, car les peurs sont avant tout des processus mentaux qui se manifestent par des symptômes émotionnels et physiques.

C'est pourquoi, dans les pages qui suivent, j'ai soigneusement décodé chacun de ces domaines en détail. En parcourant chacun de ces domaines, vous disposerez des informations et des indications nécessaires pour débarrasser votre esprit de ces peurs spécifiques et vivre une vie saine.

Les chapitres suivants décrivent en détail chacun des domaines de la peur, puis se penchent sur ses manifestations, les étapes pratiques pour y faire face, ainsi que les dimensions spirituelles impliquées dans un domaine particulier de la peur, dans une perspective chrétienne.
En tant que praticien et prédicateur de l'Évangile trinitaire, je crois fermement que la Sainte Bible est un dépôt de connaissances utiles qui peuvent résoudre tous nos problèmes terrestres. Dans ses pages se trouvent les solutions à tous nos problèmes, et cela inclut les remèdes à nos peurs.

Alors, sans plus tarder, explorons les principaux domaines qui suscitent la peur en nous...

POINTS À RETENIR

1. Comme d'autres émotions, la peur est aussi une information et nous apporte la connaissance et la compréhension.

2. La plupart des peurs sont centrées sur la mort, l'inconnu, l'échec, le rejet, l'insuffisance et l'homme.

3. La prière et la contemplation spirituelle jouent un rôle crucial dans le rétablissement.

La peur de la mort

Comme l'indique l'expression, il s'agit d'une anxiété qui est déclenchée par la pensée de la mort. Elle se caractérise également par un sentiment de quelque chose de désagréable qui se produit, l'anxiété face à la possibilité de mourir, ou de ne plus "exister". Il y a également l'anxiété morbide suscitée par le contenu des pensées liées à la mort, qui peut interférer de manière significative avec notre fonctionnement dans la vie quotidienne. Des niveaux inférieurs d'intégrité du moi, une augmentation des affections physiques et des incidences plus élevées de problèmes psychologiques indiquent la présence de niveaux aigus d'anxiété de la mort, en particulier chez les personnes âgées, compte tenu de leur perception de la proximité de la mort elle-même. Mais Jésus a dit : "Que votre cœur ne se trouble pas ; croyez en Dieu, croyez aussi en moi", il n'y a pas lieu d'avoir peur. Et Paul a également déclaré : "Le dernier ennemi à être détruit sera la mort". Examinons donc comment la mort ne doit plus être un problème :

TLes écritures nous parlent d'une malédiction qui a été placée sur une personne pendue : "Et si un homme a commis un crime passible de mort et qu'il soit mis à mort, et que tu le pendes à un arbre, son corps ne restera pas toute la nuit sur l'arbre, mais tu l'enterreras le jour même...". Deutéronome 21:22-23.

Dans la loi juive, la plupart des crimes capitaux étaient punis par lapidation. Habituellement, le cadavre était pendu en public pour dissuader les autres de commettre des crimes. Cette loi rendait illégal le fait de le faire du jour au lendemain (Lévitique 18:24-27 ; Nombres 35:3-34).

L'apôtre Paul a fait référence à cette loi en relation avec Jésus et sa mort sur la croix. Dans Galates 3:13, nous lisons : "Christ nous a rachetés de la malédiction de la loi en devenant malédiction pour nous, car il est écrit : "Maudit est quiconque est pendu à un arbre"". Jésus a été maudit pour nous, en étant suspendu sur la croix comme substitut pour nos péchés. La loi dans l'économie mosaïque était un précurseur de l'œuvre rédemptrice du Christ visant à la rédemption de la race humaine.

Il est intéressant de noter que la croix du Christ était souvent désignée comme un 'arbre' dans les contextes juifs." Actes 5:30 déclare : "Le Dieu de nos pères a ressuscité Jésus, que vous avez tué en le pendant à un arbre". Actes 10:39 dit : "Ils l'ont mis à mort en le pendant à un arbre". Voir aussi Actes 13:29.

Le récit plus large de l'Écriture nous montre la relation entre un arbre et l'idée de malédiction et de bénédiction. Dans Genèse 3, Eve et ensuite Adam mangent le fruit d'un arbre interdit. Dans Apocalypse 22:14, l'état éternel inclut ceux qui mangent de l'arbre de vie. Un arbre a été impliqué dans l'entrée du péché dans l'humanité (par l'arbre dans le jardin), la réponse au péché pour l'humanité (par la croix), et l'élimination ultime du péché dans l'éternité (par l'arbre de vie).

Selon les principes de la loi mosaïque, les personnes pendues à un arbre étaient considérées comme des personnes maudites. Selon la loi, il était illégal de laisser le corps pendu toute la nuit. Cette loi s'appliquait également à Jésus, qui a été exécuté sur un arbre alors qu'il n'avait commis aucun crime. Le jour même de sa mort par crucifixion, le corps de Jésus a été récupéré sur la croix et enterré. Intervenant en notre faveur, Jésus a lui-même accepté la malédiction du péché, pour nous racheter à jamais de tout lien avec la chute d'Adam (monde), de ses conséquences et ses effets.

Pensées sur la peur de la mort à l'âge de 50 ans et plus

La peur de la mort est, dans l'ensemble, l'apanage des personnes qui ont dépassé la cinquantaine. Lorsque le corps commence à vieillir et que l'esprit se fatigue mais que les responsabilités continuent à vous regarder en face, la peur de la mort nous saisit par le cou. C'est à ce stade de notre vie que nous sommes les plus vulnérables aux pensées de mort et à la peur qui en résulte. Alors, comment surmonter ce problème ?

Pour commencer, pensons logiquement. Considérons le voyage passé et le voyage à venir, d'un point de vue objectif. N'est-il pas vrai que la grâce de Dieu nous a permis de passer du bon temps jusqu'à présent? À ce stade, nous devrions être en mesure de regarder en arrière et de compter nos bénédictions. Après tout, nous avons créé une communauté d'amis, de parents et de collègues qui s'étend sur plus de 50 ans. La plupart d'entre nous se réjouissent des nombreuses décennies de vie qui nous attendent, des décennies que nous voulons remplir avec les passions, les personnes et les lieux qui comptent pour nous.

En même temps, lorsque nous atteignons la cinquantaine, il est courant de commencer à s'inquiéter de notre mortalité. Beaucoup d'entre nous commencent à penser au fait que nous avons peut-être moins d'années devant nous que derrière. Certains en viennent même à craindre la mort, même si elle est loin dans l'avenir.

En discutant avec les membres de APlaceForMom, Senior1Care et de Boomerly, je suis toujours étonné de voir que certaines personnes ont peur de la mort, alors que d'autres acceptent facilement la mortalité du corps. Alors, pour aider ceux d'entre vous qui ont peur de la mort, je leur ai demandé des conseils.

Voici quelques conseils, basés sur les avis d'autres personnes de plus de 50 ans qui ont vaincu la peur de mourir. Là encore, j'ai été frappé par le fait que la foi en Dieu aide énormément à donner confiance et à chasser la peur de la mort. La majorité des personnes âgées qui se sont tournées vers les Saintes Écritures pour trouver du réconfort et de la force m'ont ouvert les yeux et m'ont réchauffé le cœur!
Le premier point que mes amis ont souligné avec insistance est que vous n'avez pas à avoir peur du tout...

"Ne crains donc pas, car je suis avec toi ; ne sois pas consterné, car je suis ton Dieu. Je te fortifierai et je te secourrai ; je te soutiendrai de ma droite juste. " Isaïe 41:10 KJV

"Quand j'ai peur, je mets ma confiance en toi." Psaume 56:3

Rappelez-vous toujours que tout commence par l'appréciation de Dieu comme votre tout. Ce n'est qu'ensuite que vous pourrez passer du temps de qualité avec les personnes que vous aimez côtoyer. Essayez de nouvelles choses, lancez-vous des défis. Surtout, restez actif et engagé dans des activités positives ; "Quand l'angoisse était grande au-dedans de moi, ta consolation faisait la joie de mon âme." Psaume 94:19.

Voici quelques-unes des autres perles de sagesse dont m'ont gratifié mes amis endurcis par la vie :

S'il y a quelque chose qui vous dérange vraiment, priez pour cela. J'ai un livre de prières quotidien qui peut vous intéresser, il s'intitule COEUR A COEUR ! La prière est une autre façon de parler à Dieu, de lui confier vos espoirs, vos aspirations et vos craintes. Faites ce que vous avez à faire et laissez le reste à Dieu.

Si vous avez des affaires inachevées, réglez-les avec amour ! Il n'y a rien de pire que de se retrouver avec des tâches inachevées. Alors, ne gardez jamais les questions en suspens en arrière-plan. Faites-le aujourd'hui et faites-le avec amour.

Si vous avez besoin de parler à quelqu'un - passez cet appel ! Le temps est un grand guérisseur, mais ce n'est pas une raison suffisante pour vous retenir si vous voulez parler à quelqu'un dont vous n'êtes plus proche. Les relations sont comme les plantes. Elles se dessèchent sans eau ni nourriture, mais reprennent vie dès que vous les nourrissez. Les relations qui se sont asséchées parce que vous vous êtes éloignés l'un de l'autre peuvent toujours être ravivées. Tout ce dont vous avez besoin, c'est d'un coup de fil pour vous parler et, très vite, vous aurez l'impression de ne jamais avoir perdu le contact !

Ne continuez pas à occuper un emploi qui ne vous satisfait pas, ou à rester dans une relation qui vous rend malheureux. Vous avez de nombreuses années pour profiter de tout ce que la grâce de Dieu a à vous offrir dans cette vie. Les personnes avec qui vous passez votre temps ont de l'importance : un cœur inquiet pèse sur un homme, mais une parole aimable le remonte. Proverbes 12:25 !

La peur de la mort est souvent la peur de ne pas vivre comme on l'entend. Vous méritez de voir vos rêves se réaliser. Plus vous embrasserez ce que Dieu a mis à votre disposition dans cette vie, moins vous aurez peur de quelque chose !

À ce stade, il est utile de lire une phrase qui met en évidence la puissance de la parole de Dieu dans notre chemin de liberation de la peur de la mort...

La puissance de la mort a été détruite par la mort de Jésus-Christ" - une phrase simple, mais néanmoins la plus puissante, qui met à nu la superficialité de la mort face à l'oeuvre et l'amour du Christ pour nous. Voyons maintenant comment Paul envisage la mort : Car si nous croyons que Jésus est mort et qu'il est ressuscité, Dieu ramènera avec lui ceux qui dorment en Jésus.

Et ceux qui se sont endormis dans le Christ ... 1 Corinthiens 15:18 KJV Pour moi, la seule chose importante dans la vie, c'est le Christ. Et même la mort serait pour mon bien. (Philippiens 1:21 ERV).

Vous voyez, Paul savait déjà que Jésus est mort à sa place et pour cette raison, il n'y avait pas besoin d'avoir peur de la mort à nouveau. La mort est morte quand Jésus est mort, ce que nous vivons aujourd'hui est simplement le fait de quitter ce corps qui a été formé de poussière ; Tous vont au même endroit. Tous sont venus de la poussière et tous retournent à la poussière - (Ecclésiaste 3:20 KJV)

Ma façon de comprendre que les gens quittent ce corps physique est simple. Nous avons été conçus pour jouir de Dieu avec Dieu pour l'éternité. Le corps que nous utilisons ici ne peut pas rester éternellement pour certains d'entre nous. Mais il y a une bonne nouvelle que je veux partager avec certains d'entre nous. Il y a une génération qui ne dormira pas du tout et qui contemplera la beauté de notre Seigneur et Sauveur à son retour complet, de l'intérieur vers l'extérieur.

Se concentrer sur le bien-être

Il y a tellement de choses simples que vous pouvez faire pour vivre une vie plus saine et plus positive. En fait, ce sont parfois les plus petits gestes, appliqués de manière cohérente, qui entraînent les plus grands changements. Prenez l'engagement de marcher tous les jours, qu'il pleuve ou qu'il neige. Explorez vos passions. Rédigez une "liste de choses à faire" avec toutes les choses extraordinaires que vous voulez faire. Si vous êtes occupé à vivre dans la joie, vous n'aurez pas le temps de vous inquiéter de la mort.

"Voulez-vous être considéré comme sage, vous faire une réputation de sagesse ? Voici ce que vous devez faire : Vivez bien, vivez sagement, vivez humblement. C'est la façon dont vous vivez, et non la façon dont vous parlez, qui compte. L'ambition mesquine n'est pas la sagesse. Se vanter d'être sage n'est pas la sagesse. Déformer la vérité pour vous faire passer pour des sages n'est pas de la sagesse. C'est la chose la plus éloignée de la sagesse - c'est une ruse animale, une connivence diabolique. Chaque fois que vous essayez de paraître meilleur que les autres ou de prendre le dessus sur les autres, les choses s'écroulent et tout le monde finit par se sauter à la gorge. La vraie sagesse est la sagesse de Dieu. La première étape de l'acquisition de la sagesse est le silence, la deuxième l'écoute, la troisième la mémoire, la quatrième la pratique et la cinquième l'enseignement aux autres. Elle se caractérise par un amour sincère et une bonne entente avec les autres. Elle est douce et raisonnable, débordante de miséricorde et de bénédictions, elle n'est pas chaude un jour et froide le lendemain, elle n'a pas deux visages. Vous pouvez développer une communauté saine et robuste qui vit en accord avec Dieu et profite de ses résultats seulement si vous faites le dur travail de vous entendre les uns avec les autres, en vous traitant avec dignité et honneur." Jacques 3:13-18 Le Message (MSG)

Planifier votre passage

La plupart des questions que nous nous posons sur la mort sont de nature religieuse ou philosophique. Mais qu'en est-il des préoccupations pratiques ? Beaucoup d'entre nous s'inquiètent de la mort parce qu'ils se demandent ce qu'il adviendra de leur famille après leur décès. Nos petits-enfants seront-ils heureux ? Notre conjoint sera-t-il capable de se remettre de notre décès ? Si oui, auront-ils assez d'argent pour continuer à vivre le genre de vie qu'ils méritent ?
Toutes ces questions sont valables. La bonne nouvelle est que, si nous ne pouvons pas contrôler le moment et la manière dont nous quittons ce monde, nous pouvons contrôler une grande partie de ce que nous laissons derrière nous. Beaucoup de gens se sentent soulagés lorsqu'ils mettent de l'ordre dans leurs affaires, même s'ils

ont plusieurs décennies de vie saine devant eux. Ils savent que, en cas d'imprévu, leurs souhaits seront clairs et leur héritage assuré.

En fin de compte, le conseil d'autres personnes de plus de 50 ans qui ont vaincu leur peur de la mort est simple : concentrez-vous sur une vie authentique, passionnée et pleine de Joie. La peur de la mort ne peut pas prendre racine dans le cœur d'une personne qui est vraiment satisfaite de sa vie.

"Ne vous ai-je pas ordonné ? Soyez forts et courageux. Ne sois pas terrifié, ne te décourage pas, car le Seigneur ton Dieu sera avec toi partout où tu iras." Josué 1:9.

POINTS À RETENIR

1. La peur de la mort est, dans l'ensemble, l'apanage des personnes qui ont dépassé les cinquante ans.

2. La peur de la mort est souvent la peur de ne pas vivre selon ses propres termes.

3. Si vous êtes occupé à vivre dans la joie du Seigneur, vous n'aurez pas le temps de vous inquiéter de la mort.

La peur de l'inconnu

Craindre l'inconnu et s'en inquiéter est un obstacle mental. Elle entrave votre potentiel inné à donner le meilleur de vous-même dans tous les domaines de la vie. Généralement, chaque fois que vous êtes confronté à une situation inconnue, vous êtes envahi par une peur qui vous empêche de prendre les bonnes décisions. Dans de telles situations, les gens choisissent généralement de fuir plutôt que d'affronter la situation. En conséquence, ces personnes finissent par perdre les nombreuses opportunités qui croisent leur chemin tout au long de leur vie. C'est pourquoi, bien souvent, nous devons être assez courageux pour sortir de notre zone de confort et avoir une chance de réaliser les bonnes choses que la grâce de Dieu nous offre. Malheureusement, c'est cette même peur de l'inconnu qui nous retient dans nos zones de confort.

If you are thinking 'wow, this is exactly what I'm going through and wish I knew how to handle this problem.', rest assured, you are not the only one to suffer thus. Fortunately, there are solutions available to address these types of fear. All you need to do is make some minor adjustments in your life and lifestyle.

The first step in the journey towards fearlessness of the unknown begins with educating yourself about what ails you and then face it rather than avoid it indefinitely. Fear of the unknown can manifest in your life via diverse sources. For some it could be a niggling worry over their new job while for others it could be fear of what tomorrow has in store. The covid-19 pandemic is perhaps one of the best examples to underline the uncertainty of life. Millions of people have suffered from sickness, loss of loved ones, jobs, income and security.

Une fois que vous aurez appris à connaître vos peurs de près, prenez du recul pour comprendre comment la peur vous affecte réellement. Cela vous aidera à comprendre les racines de vos craintes de l'inconnu. La peur naît de certaines situations auxquelles nous sommes confrontés, de souvenirs que nous avons, ou de certaines choses. Maintenant, dressez la liste de toutes les choses que vous craignez et des situations que vous préférez éviter dans votre vie quotidienne. Une fois que vous aurez identifié les peurs spécifiques et leurs causes sous-jacentes, vous serez mieux armé pour les surmonter.

Étape 2 : Comprendre les risques réels

Il est possible que nos peurs de l'inconnu soient parfois suscitées par des facteurs indépendants de notre volonté. Dans ce cas, la mise en condition de soi est le moyen idéal d'endiguer ces peurs. Pour certains, il peut s'agir de la fin du monde, tandis que d'autres peuvent craindre d'être piégés dans un ascenseur. D'autres peuvent trouver ces peurs un peu dramatiques, car elles sont toutes hors de contrôle. S'informer sur les risques réels de telles situations peut s'avérer très utile pour les personnes souffrant de ce genre de peurs. Par exemple, vous vous sentirez certainement mieux si le préposé à l'ascenseur vous assure que 5 minutes est le temps maximum pendant lequel quelqu'un est resté coincé dans l'ascenseur. Comprendre les risques réels encourus dans toute situation peut apaiser nos craintes dans une large mesure.

POINTS À RETENIR

1. Reconnaissez vos peurs.

2. Comprenez les vrais risques

La peur de l'échec

Probablement le problème le plus courant chez les humains, la peur de l'échec arrête les plus courageux d'entre nous dans leur élan. C'est une peur qui peut littéralement vous vaincre avant même que vous n'ayez entrepris d'accomplir quelque chose. C'est un peu comme si une fusée atteignait la vitesse de fuite pour quitter l'attraction terrestre et s'envoler enfin dans l'espace. Il y a tellement d'occasions dans nos vies où, par peur de l'échec et de ses conséquences, nous n'essayons même pas quelque chose.

La peur d'échouer peut nous immobiliser à tel point que nous ne faisons rien - et finissons par échouer ! À cause de nos peurs, nous ne progressons pas dans notre vie et nous finissons par perdre des opportunités qui pourraient changer notre vie.

Examinons en détail les subtilités de la peur de l'échec - sa signification, les raisons sous-jacentes, les facteurs en jeu et les solutions disponibles - pour profiter de la vie comme Dieu l'a voulu.

L'origine de la peur de l'échec

Avant d'aborder les causes de cette peur, il convient d'abord de comprendre la signification du mot "échec". En effet, chacun d'entre nous a sa propre définition et interprétation de l'échec. L'échec peut signifier différentes choses pour différentes personnes, en fonction des normes, des valeurs et des systèmes de croyance individuels. En effet, ce que vous considérez comme un échec peut être considéré comme un succès par une autre personne ou vice versa.

Sur le plan médical, la peur de l'échec est connue sous le nom d'"atychiphobie", c'est-à-dire l'état dans lequel notre peur est si forte qu'elle nous empêche de faire les choses qui nous mènent à nos objectifs.

Il existe de nombreuses causes probables qui donnent naissance à la "peur de l'échec". Une raison typique de ce type de peur est le fait d'avoir des parents critiques ou peu coopératifs. Les enfants de tels parents souffrent d'humiliation dans leur enfance et portent généralement le fardeau des sentiments négatifs de l'enfance jusque dans leur vie d'adulte.

De même, le fait de subir un événement traumatisant peut également déclencher une peur de l'échec plus tard dans la vie. Par exemple, si vous avez trébuché sur scène pendant une pièce de théâtre à l'école, il est possible que vous ayez le trac à l'âge adulte. L'expérience de l'enfance a pu être si traumatisante qu'elle vous a empêché d'apprécier l'expérience de la scène.

Ressentir la peur de l'échec

Les symptômes qui indiquent que vous souffrez peut-être de la peur de l'échec comprennent une aversion à expérimenter de nouvelles choses ou à relever des défis. Ces personnes adoptent également des comportements d'autosabotage tels que la procrastination, l'anxiété excessive et, en général, un manque d'enthousiasme à suivre les objectifs. Les personnes qui ont peur de l'échec sont également connues pour afficher un sentiment de faible estime de soi ou un manque visible de confiance en soi. Elles peuvent aussi essayer de cacher leurs craintes sous le couvert du "perfectionnisme", en n'entreprenant que les choses qu'elles sont sûres de réussir.

L'échec... Défini et diagnostiqué

Le dictionnaire de Cambridge définit l'"échec" comme le fait que quelqu'un ou quelque chose ne réussisse pas. D'autres dictionnaires donnent à peu près le même type d'explication pour ce mot. Il peut également être considéré comme le contraire ou le synonyme du mot "succès". Ainsi, une chose réussie est un succès et une chose non réussie, un échec.

Cependant, nous devons également considérer ces mots dans le contexte de plusieurs mises en garde, telles que : tous les efforts possibles ont été faits, les efforts ainsi faits étaient sérieux, les situations étaient favorables, etc. Comme nous le voyons, le succès et l'échec dépendent de nombreux facteurs et la moindre variation de l'un de ces facteurs, ou leur combinaison, peut entraîner des degrés variables d'échec ou de succès d'une initiative.

En effet, lorsque vous entreprenez de réaliser quelque chose, le résultat peut être un succès total ou l'atteinte de l'objectif ou du but dans son intégralité, ou un succès partiel ou l'atteinte d'une partie de l'objectif ou du but, ou encore un échec total, ce qui signifie que vous n'avez rien pu obtenir de vos efforts.

Maintenant, il est temps d'examiner de plus près les deux derniers scénarios - succès/échec partiel et échec total. Il est évident que lorsque nous échouons partiellement ou totalement, il y a des leçons à en tirer. Des leçons sous forme d'idées, de connexions, de solutions, d'options qui peuvent potentiellement ouvrir la voie à d'autres formes de succès. Et ces leçons sont les enseignements que nous tirons de ces "échecs". Cela implique que, dans l'absolu, il n'y a pas d'échec dans tout ce que nous entreprenons !

Alors, quand il n'y a pas d'échec du tout, pourquoi avoir peur en premier lieu ? Il suffit d'aller jusqu'au bout et de tenter ce que vous avez décidé de faire ou d'accomplir.

Ma définition préférée de l'échec remonte à l'époque où j'étais à l'école et où l'on nous enseignait que "les échecs sont des tremplins vers le succès". La vie n'est tout simplement pas la vie si l'on n'y ajoute pas une part équitable d'échecs. Si vous n'avez pas échoué dans la vie, c'est probablement parce que vous n'avez pas essayé de faire quelque chose assez sérieusement. Souvenez-vous de l'époque où vous avez appris à faire du vélo. Ce n'est pas comme si vous aviez simplement sauté sur la selle et pédalé. Au départ, vous seriez tombé du vélo - un processus qui aurait duré au moins quelques jours. Votre corps aurait fini par avoir des contusions et des douleurs pendant les nuits. Mais au fil des jours, vous apprenez à vous équilibrer sur le vélo et vous vous retrouvez bientôt à pédaler vers la gloire. La morale de la leçon : pas de douleur, pas de gloire ; pas d'échec, pas de victoire.

En d'autres termes, l'échec n'est pas une défaite, mais plutôt une promesse pour l'avenir. Et c'est là que réside la beauté de l'échec. La définition de l'échec est en nous. L'échec peut être la fin de vos rêves OU l'échec peut être la clé de votre succès futur.
L'histoire et les temps modernes regorgent d'exemples d'hommes et de femmes qui ont surgi des cendres de l'échec pour devenir des exemples brillants de réussite. Richard Branson, qui a abandonné ses

études secondaires, est devenu la coqueluche du monde des affaires avec des entreprises de la marque "Virgin". Il y a aussi Bill Gates, qui a quitté l'université pour fonder Microsoft. La prochaine fois que vous aurez faim et que vous tendrez la main vers un seau de poulet frit Kentucky juteux, n'oubliez pas que vous pouvez remercier le vieux colonel Sanders. À une époque où la plupart des gens de son âge profitaient d'une vie de retraité, le fondateur de KFC était littéralement à court d'argent, arpentant les rues pour inciter les gens à goûter sa recette de poulet. Il n'a pas abandonné, malgré les refus répétés, jusqu'à ce qu'il reçoive sa première commande. Le reste, comme on dit, appartient à l'histoire. En parlant de temps passés, nous savons combien le roi David a fait des erreurs, mais Dieu l'a élevé plus haut.

Ce qui est bien, c'est que chaque jour, partout, il y a des gens comme vous et moi qui affrontent leur peur de l'inconnu, en écrivant des histoires de retournement de situation qui feraient déborder d'orgueil des gens comme Sir Branson et Col Sanders.

Nous pouvons soit considérer l'échec comme "la fin", soit essayer de déterrer le succès que l'échec cache généralement. La prochaine fois que vous échouez, essayez d'en tirer une leçon au lieu de lever les mains et de reconnaître la défaite. Ces leçons sont importantes car elles sont la mesure de notre évolution, elles nous montrent comment nous grandissons et nous empêchent de répéter les mêmes erreurs.

L'échec - le grand maître

Les échecs sont également utiles pour identifier vos forces cachées, des facettes que vous auriez normalement ignorées ou dont vous n'auriez pas eu conscience de l'existence. Les échecs nous apprennent également des choses sur nous-mêmes que nous n'aurions jamais apprises, dans des circonstances normales. Les situations d'échec sont également d'excellentes occasions de découvrir qui sont vos véritables amis et vos bienfaiteurs.

Comment NE PAS se laisser piéger par la peur de l'échec ?

Savoir à quel point Dieu nous aime et se soucie de nous est le moyen le plus simple et le plus facile de surmonter nos peurs. Ce sont ces situations éprouvantes qui mettent en évidence l'amour de Dieu pour nous. "Au contraire, dans l'épaisseur de ces choses, notre triomphe reste incontestable. Son amour nous a placés au-dessus de la portée de tout assaut... aucune menace, que ce soit dans la mort ou dans la vie ; qu'il s'agisse d'êtres angéliques, de puissances démoniaques ou de principes politiques, rien de ce que nous connaissons en ce moment, ou d'un événement dans un avenir inconnu ; aucune dimension d'un quelconque calcul dans le temps ou l'espace, ni aucun dispositif encore à inventer, n'a ce qu'il faut pour nous séparer de l'amour que Dieu a démontré en Christ. Jésus est notre autorité ultime." Romains 8:37-39 MB

N'oubliez pas que Dieu est à vos côtés et qu'il ne laissera jamais l'échec vous atteindre dans tout ce qui est honnête et sincère de votre part. Cela dit, il est également important de noter qu'il y a toujours un élément d'incertitude dans tout ce que nous faisons. Mais ne pas atteindre nos objectifs ou échouer dans nos résultats n'est pas une raison suffisante pour perdre espoir. Au contraire, il faut faire face à la réalité, explorer les possibilités, rester courageux et persévérer aussi longtemps qu'il le faut. En fin de compte, c'est l'expérience qui compte en raison des leçons que nous en tirons.

Malgré toutes les réalités impliquées dans le jeu du succès et de l'échec, il existe certainement quelques options à notre disposition pour éliminer ou réduire la peur d'échouer :

> » Examinez toutes les issues possibles - Pour de nombreuses personnes, la peur de l'inconnu est à l'origine de la peur de l'échec. Remplacez simplement cette peur en célébrant toutes les bénédictions potentielles dont Jésus-Christ vous a gratifié. "Même si je marche dans la vallée de l'ombre de la mort, je ne

crains aucun mal, car tu es avec moi ; ta houlette et ton baton me consolent." Psaume 23:4 KJV

» Apprenez à regarder la vie de manière positive - La pensée positive, qui consiste à apprécier les bontés de Dieu à travers Jésus, est un excellent moyen de renforcer la confiance en soi tout en évitant les dommages que vous vous infligez. 'Un cœur inquiet pèse sur un homme, mais une parole aimable le remonte." Proverbes 12:25 KJV

» Envisager le pire des scénarios - Il arrive parfois que le pire des scénarios s'avère véritablement désastreux. Dans de telles situations, il est parfaitement normal de craindre l'échec. Heureusement pour nous, dans la plupart des situations, le pire scénario n'est en fait pas si grave qu'il nous fasse craindre l'échec. Reconnaître et admettre cette réalité peut être vraiment utile dans notre lutte contre la peur de l'inconnu.

» Prévoyez une éventualité - Si vous avez peur de ne pas réussir quelque chose, rappelez-vous que nous sommes tous des individus qui doivent agir selon la volonté de Dieu. Si ce n'est pas le Seigneur qui construit une maison, les bâtisseurs perdent leur temps. Si ce n'est pas le Seigneur qui veille sur la ville, les gardes perdent leur temps (Psaumes 127:1 KJV). Avec ce principe ancré dans votre cœur, vous trouverez une abondance de confiance chaque fois que vous vous aventurerez au-delà de votre zone de confort.

Sortez des griffes de la peur

Pour vous fixer des objectifs, vous devez d'abord surmonter votre peur de l'échec. Avec la peur à l'esprit, il sera certainement difficile de s'aventurer vers un quelconque objectif. Et, comme nous le savons, se fixer des objectifs est une activité cruciale car ils nous aident à tracer notre chemin dans la vie. La prochaine fois que vous aurez peur, rappelez-vous simplement : pas d'objectifs, pas de destination.

La visualisation est l'une des méthodes que les experts considèrent comme un outil puissant pour aider à fixer des objectifs. Imaginer comment votre vie sera transformée pour le mieux lorsque vous aurez atteint votre objectif peut être une super motivation pour aller de l'avant dans la vie.

D'un autre côté, la visualisation est une arme à double tranchant qui peut produire des résultats tout à fait opposés chez les personnes souffrant de la peur de l'échec. Des études ont montré que les personnes qui ont essayé la technique de visualisation pour dissiper leur peur de l'échec, finissent souvent par être aux prises avec une forte humeur négative.

Mais alors, quelle pourrait être la voie à suivre?

Il y a un adage populaire de mes jeunes années que je garde à portée de main pour les personnes qui ont peur de faire le premier pas vers une vie sans peur... Les petites gouttes d'eau font un grand océan.
Commencez par faire de petits pas en vous fixant quelques petits objectifs. Les objectifs initiaux ou "d'échauffement" doivent être suffisamment stimulants pour vous encourager plutôt que vous submerger. Ces objectifs sont vos "premières victoires" qui vous aideront à renforcer votre confiance.

Par exemple, si vous vous sentez trop nerveux pour aborder votre chef de service afin de discuter d'un nouveau projet passionnant qui vous enthousiasme, faites-en votre premier objectif. Passez à son bureau au cours de la semaine, discutez avec lui du sujet et donnez-lui votre avis sur le déroulement du projet.

Essayez de structurer vos objectifs en petites étapes qui ouvrent la voie à des objectifs plus importants. À ce stade, ne vous souciez pas de l'objectif final, qu'il s'agisse d'obtenir une promotion ou de décrocher un MBA. L'astuce consiste à faire un pas et à se concentrer immédiatement sur la réalisation du pas suivant. Et c'est tout.

Outre le fait qu'elle renforce peu à peu votre confiance en vous, la stratégie "une étape à la fois" vous encouragera à aller de l'avant, tout en vous empêchant d'être submergé par la perspective de l'objectif final.

En discutant de notre chemin vers une vie sans peur, il y a certains points à garder à l'esprit...

Souvent, la peur de l'échec peut aussi être le signe d'un problème de santé mentale plus grave. Les pensées négatives ont causé de graves problèmes de santé et même la mort, dans ces cas extrêmes. Bien qu'il soit reconnu que les techniques présentées ici ont un effet positif sur la réduction du stress, il doit être expressément entendu qu'elles ne sont données qu'à titre indicatif et que les lecteurs doivent consulter des professionnels de la santé dûment qualifiés s'ils ont des inquiétudes quant à des maladies connexes ou si des pensées négatives sont à l'origine d'un malheur important ou persistant. Les professionnels de la santé devraient également être consultés avant tout changement majeur de régime alimentaire ou de niveau d'exercice.

... Nombreux sont ceux qui ont peur d'échouer, mais cela ne signifie pas que nous devons laisser cette peur nous empêcher de progresser dans la vie. Voici quelques pensées saintes qui vous permettront de vous remonter le moral dans les moments difficiles :

"Frères, je ne me regarde pas encore comme l'ayant saisi ; mais une chose est certaine : j'oublie ce qui est en arrière et je m'avance vers ce qui est en avant..." Philippiens 3:13 KJV

Puisque donc vous avez été ressuscités avec le Christ, fixez vos cœurs sur les choses d'en haut, où le Christ est assis à la droite de Dieu. Fixez vos pensées sur les choses d'en haut, et non sur les choses terrestres. - Colossiens 3:1-2

Enfin, frères et sœurs, tout ce qui est vrai, tout ce qui est noble, tout ce qui est juste, tout ce qui est pur, tout ce qui est beau, tout ce qui est admirable, tout ce qui est excellent ou digne de louanges, pensez-y. - Philippiens 4:8

POINTS À RETENIR

1. Les symptômes de la peur de l'échec comprennent une aversion pour les expériences ou les missions difficiles.

2. Souvent, la peur de l'échec peut aussi être le signe d'un problème de santé mentale plus grave.

3. Savoir à quel point Dieu nous aime et se soucie de nous est le moyen le plus puissant et le plus éfficace de surmonter nos peurs.

Peur du rejet

Le rejet est une expérience que presque chacun d'entre nous vit à un moment ou à un autre. Il peut prendre la forme d'un rejet de la part d'une personne que l'on aime, ou se manifester par l'échec de l'emploi de rêve que l'on souhaitait obtenir. Le fait est que le rejet est un facteur si commun dans nos vies que seules les personnes qui évitent les contacts sociaux ou qui sont recluses ne savent probablement pas ce qu'est le rejet. Mais il est tout à fait possible que ces personnes mènent une existence solitaire précisément parce qu'elles ont peur du rejet ! Donc, si vous faites partie intégrante de la société dans laquelle vous vivez, soyez-en sûr, vous êtes une cible idéale pour le rejet. Heureusement, la peur du rejet ne doit pas devenir un démon géant qui vous empêche de mener une vie fructueuse et d'entretenir des relations saines avec les personnes qui vous entourent ou qui entrent en contact avec vous.

Symptômes courants de la peur du rejet

La peur d'être rejeté crée un modèle de comportement très dommageable dans nos vies. Elle peut nous donner l'impression que nous ne sommes pas assez bons et que nous sommes des ratés. Dans les relations, elle peut nous rendre obsessionnels, collants et jaloux et peut également détruire des relations qui viennent à peine de commencer en devenant trop sérieux trop tôt, ce qui peut faire fuir les autres. Cela se manifeste par le fait qu'un partenaire qui discute simplement avec quelqu'un d'autre peut nous faire penser que c'est un signe qu'il va nous quitter ou si nous sommes séparés pendant un court moment d'un ami ou d'un partenaire, nous pouvons parfois nous sentir anxieux et même en colère car nous croyons à tort que cela signifie qu'il ne veut pas passer de temps avec nous.

Les émotions alimentent les craintes de rejet

Il est intéressant de noter que nos pensées ne sont pas responsables de nos sentiments de rejet. En fait, c'est l'image que nous avons de nous-mêmes qui finit par nous faire sentir rejetés. Les sentiments négatifs à l'égard de soi-même sont capables de déclencher une pléthore d'autres sentiments, dont celui du rejet. Bientôt, avant même que vous ne vous en rendiez compte, vous commencez à vous sentir inutile, seul, humilié, inadéquat, pathétique et un perdant. Plus on se vautre dans ces émotions, plus elles deviennent douloureuses à supporter, et plus il est difficile de faire face à des situations potentielles de "rejet", car on a peur d'être exposé à un tel traumatisme à l'avenir également.

Pourquoi le rejet ne trouble-t-il pas les autres?

Ceux qui semblent ne pas être effrayés par le rejet sont des personnalités très confiantes qui prennent le rejet à bras le corps, bien conscientes qu'il fait partie de l'affaire et qu'il faut y faire face si l'on veut progresser dans la vie. Dans un autre ordre d'idées, le rejet est une sorte de douleur de croissance qui nous est nécessaire pour évoluer spirituellement, en nous donnant le courage de sortir de notre zone de confort. Au lieu de se sentir mal ou désolé pour eux-mêmes, ou de le prendre personnellement, ces personnes considèrent plutôt que c'est un défaut ou une perte pour l'autre personne.

Vous aussi, vous pouvez surmonter la peur du rejet

Dites non quand vous n'avez pas envie de dire oui : Les personnes qui ont peur d'être rejetées le font généralement parce qu'elles sont mentalement conditionnées à essayer de plaire aux autres. Si vous faites partie de cette catégorie, la première chose à faire est de dire "non" au lieu de "oui" lorsque vous n'êtes pas d'accord avec ce que les autres disent ou font. En restant honnête avec vous-même, vous vous respectez et vous augmentez ainsi votre estime et votre confiance en vous. C'est un bon moyen de comprendre et d'apprécier les occasions où les gens sont susceptibles de refuser ou de dire "non" si la situation était inversée.

Acceptez vos points forts : N'ayez pas peur d'accepter les compliments qui vous sont adressés. En vérité, c'est une bonne chose de célébrer vos bons côtés que les autres remarquent et applaudissent. C'est un excellent moyen de renforcer votre confiance et d'être plus ouvert au rejet.

Visualisez vos peurs et affrontez-les : Laissez votre esprit explorer des scénarios dans lesquels vous seriez probablement confronté à un rejet, et incitez-le à visualiser une fin heureuse dans laquelle vos souhaits sont exaucés. Cette technique est efficace pour renforcer la confiance en soi et remplacer la négativité habituelle qui s'insinue et conduit à la réalisation de vos pires craintes.

Voyons maintenant quels sont les conseils venant de la Bible pour mener une vie exempte de la peur du rejet :

> » Le Seigneur prendra toujours soin de vous, même en cas de rejet.
> .....Mon père et ma mère peuvent m'abandonner, mais le Seigneur prendra soin de moi. - Psaume 27:10 (GNTD)
> » Le Seigneur vous aime comme son enfant.
> ...Voyez combien le Père nous a aimés ! Son amour est si grand que l'on nous appelle les enfants de Dieu - et c'est ce que nous sommes en réalité. C'est pourquoi le monde ne nous connaît pas : il n'a pas connu Dieu. - 1 Jean 3:1 (GNTD)

Des étapes pratiques pour se libérer de la peur du rejet...

1. Vous pouvez commencer par dresser une liste quotidienne de vos objectifs et élaborer une stratégie pour les atteindre sans vous laisser distraire. La clé est de vous faire plaisir et d'égaliser vos niveaux d'énergie en vous habituant à l'idée de dire "non" lorsque vous ne pouvez pas obliger les autres.

2. Continuez à vous renforcer mentalement sur votre droit fondamental au bonheur. Ne laissez pas les sentiments d'estime de soi être dictés par les acceptations ou les rejets des autres. Au lieu de vous tourmenter à cause d'un entretien d'embauche raté, recommencez simplement à chercher d'autres postes vacants ou d'autres opportunités.

"Car c'est quand le Seigneur a une bonne opinion de nous que nous sommes vraiment approuvés, et non quand nous avons une bonne opinion de nous-mêmes." (2 Corinthiens 10:18 TEV)

Si la peur du rejet vous empêche constamment d'interagir avec les autres, vous risquez de vous priver d'une foule de merveilleux avantages tels que le bonheur, la chaleur, l'amusement et l'excitation que nous apporte l'interaction avec d'autres personnes. N'oubliez pas que si vous ne vous trouvez jamais dans une situation où quelqu'un pourrait vous dire "non", vous vous privez également de la possibilité de recevoir un "oui" en guise de réponse.

C'est certainement une chose étonnante de savoir qu'en dépit du fait qu'il connaît chaque chose à votre sujet, Dieu continue de vous aimer. La somme et la substance sont que peu importe ce qui arrive et qui vous rejette, Dieu ne vous rejettera jamais. La Bible dit : "Mon père et ma mère peuvent m'abandonner, mais le Seigneur prendra soin de moi" (Psaume 27:10 TEV).

POINTS À RETENIR

essaire pour évoluer spirituellement, en nous donnant le courage de sortir de notre zone de confort. 2.

Dites non quand vous n'avez pas envie de dire oui. 3.

Peu importe ce qui se passe et qui vous rejette, Dieu ne vous rejettera jamais.

Peur de l'insuffisance

Avez-vous déjà eu le sentiment que, quoi que vous fassiez, il n'y en aura jamais assez ? Pas assez d'argent, pas assez de temps, pas assez d'énergie pour accomplir les choses que vous rêvez d'accomplir ? Ou alors, oubliez vos rêves - il serait bon d'avoir juste assez d'énergie pour passer une journée normale.

Pourrai-je payer mon hypothèque ce mois-ci ? Pourrai-je faire ce voyage amusant que mes amis prévoient de faire dans quelques mois ? Que faire si ma voiture tombe en panne et que je n'ai pas les moyens de la réparer ? Que se passera-t-il si je manque de temps et que je ne respecte pas l'échéance ? Et si ce client ne veut plus jamais travailler avec moi ? C'est toujours le scénario du pire.

Cela vous semble familier ? Même si l'ampleur et la portée peuvent varier d'une personne à l'autre, la plupart d'entre nous s'identifient à ce genre de situation.

C'est une chose à laquelle j'ai parfois été confronté, mais je me suis rendu compte que Dieu essaie de me libérer de ce mode de pensée particulier. Jésus m'enseigne par l'intermédiaire de l'apôtre Paul : "... Je ne veux pas dire non plus que j'ai été dans un réel besoin, car j'ai appris à me contenter, quelles que soient les circonstances. Je sais maintenant comment vivre quand les choses sont difficiles et je sais comment vivre quand les choses sont prospères. En général, et en particulier, j'ai appris le secret pour faire face aux deux - la pauvreté et l'abondance. Je suis prêt à tout par la force de celui qui vit en moi." Philippiens 4:13 (PHILLIPS)

Vous voulez plus de clarté sur la peur de l'insuffisance ?

Eh bien, voici à quoi ressemble la peur du "pas assez" dans ma vie :

- » L'anxiété liée aux achats ou aux dépenses, en particulier les dépenses inattendues ou inutiles.
- » S'inquiéter de l'argent ou de la façon dont je vais faire les choses.

> » Se sentir frénétique pendant la journée, courir d'une chose à l'autre.
> » J'essaie de réparer des choses que je ne sais pas réparer, ou d'offrir des cadeaux que je n'ai pas à offrir - parce que j'ai peur que le besoin ne soit pas satisfait si je ne le fais pas.
> » Une incapacité à profiter des choses que j'ai parce que je suis concentré sur ce que je n'ai pas.
> » Sentiments de jalousie envers les amis lorsqu'ils obtiennent quelque chose que je n'ai pas.
> » La compétition et la comparaison, être très dur avec moi-même parce que je ne suis pas "à la hauteur".

Pendant longtemps, j'ai peut-être pensé que c'est ce que tout le monde ressent lorsqu'il s'agit d'argent, de temps et d'énergie. C'est étrange comme quelque chose de totalement fou peut devenir "normal" quand on vit avec tous les jours. Ce n'est que lorsque vous commencez à rencontrer des gens qui ne partagent pas vos angoisses concernant le "suffisamment" - qui semblent profondément satisfaits d'eux-mêmes, de leurs efforts dans une journée donnée, de leurs revenus, de leurs possessions - que je réalise qu'il y a une meilleure façon de faire.

Et étrangement, miraculeusement, ces personnes semblaient en fait avoir plus - plus de temps, plus d'énergie, plus de ressources, avec moins d'efforts - que quiconque.

Qu'est-ce que l'état d'esprit de pénurie?

NJamais je ne vous aurais confié que j'avais une mentalité de pénurie. En ce qui me concerne, je reconnaissais et célébrais l'abondance dans la vie. En grandissant, une phrase qui était répétée dans ma maison, encore et encore, était : Dieu pourvoit. Et je vous aurais répété cette phrase, même à l'âge adulte.

Mais plus j'ai commencé à en apprendre sur l'état d'esprit de pénurie et sur ce à quoi il ressemble, plus j'ai réalisé que c'était quelque chose contre lequel je luttais aussi.

L'état d'esprit de pénurie, selon ma définition, est simplement :
Un sentiment persistant de ne pas avoir assez - des sentiments

d'inadéquation, la peur de se passer de quelque chose, un manque de confiance en soi - le plus souvent issu de schémas de pensée négatifs autour du temps, de l'argent et de l'énergie.

Ainsi, avoir un état d'esprit de pénurie n'a pas grand-chose à voir avec ce que vous avez sur votre compte en banque ou avec le temps ou l'énergie que vous avez à donner dans une journée. Cela a beaucoup à voir avec l'image que nous avons de nous-mêmes et avec ce que nous pensons pouvoir offrir à ce monde.

D'où vient l'état d'esprit de pénurie ?

Nos croyances sont le plus souvent alimentées et construites par nos expériences et la façon dont nous interprétons ces expériences, plus que par ce que l'on nous enseigne verbalement. Ainsi, on peut vous dire cent fois "Dieu pourvoit", mais si vous êtes constamment en difficulté financière et que vous n'avez pas une bonne histoire à vous raconter sur les raisons de cette difficulté, il est facile que l'histoire inconsciente qui se forme ressemble à ceci :

» Dieu pourvoit - mais pas pour moi.

L'autre chose à retenir est que vous êtes immergé dans une culture qui s'efforce de vous convaincre que vous n'êtes pas assez. Et quand je dis "prospérer", je veux dire littéralement "prospérer". Les entreprises tirent littéralement profit de votre sentiment d'inadéquation : vous n'êtes pas assez beau, pas assez mince, pas assez intelligent, pas assez cool, pas assez stylé, pas assez "tout ce que vous voulez".

Nous devons donc rejeter l'état d'esprit qui nous dit qu'il n'y a qu'un nombre limité de ressources pour tout le monde. Et que pour obtenir ce dont vous avez besoin, vous devez vous battre, négocier, vous battre pour l'obtenir, et que seules les personnes les plus intelligentes, les plus avisées, les plus travailleuses et les plus chanceuses " gagneront ".

Un état d'esprit de pénurie nous expose à une compétition malsaine, à la jalousie, à l'anxiété, au surmenage et à la confusion sur ce qui compte vraiment.

Qu'est-ce qu'un état d'esprit d'abondance?

Il y a quelque chose que j'ai pratiqué de manière constante au cours des 14 dernières années et qui semble m'aider à surmonter l'anxiété liée à l'argent et au temps. À tel point que je suis capable de prêcher cet Évangile librement dans de nombreuses nations et en de nombreux temps. C'est un petit changement, mais il a fait une énorme différence pour moi. J'ai vu des changements tangibles dans les ressources à ma disposition, oui.

Mais plus important encore, j'ai expérimenté un changement positif vers la paix et l'équilibre de l'esprit, même lorsque je n'ai pas exactement ce que je pense vouloir ou avoir besoin. Pourquoi ? Paul nous donne une réponse : "Car nous sommes l'ouvrage de Dieu, créés en Jésus-Christ pour faire de bonnes œuvres, ce que Dieu a préparé d'avance pour nous." Éphésiens 2:10 KJV

Nous ne devrions pas nous inquiéter de ce que nous avons ou n'avons pas. Paul a dû apprendre à vivre dans l'abondance et le manque.

C'est ce qu'on appelle un état d'esprit d'abondance.

Un état d'esprit d'abondance consiste, très simplement, à changer l'histoire que nous nous racontons à propos de nos expériences de suffisance. Il s'agit de prendre les mêmes désirs, circonstances et expériences que nous avons toujours eus en matière d'argent, de temps et d'énergie et de changer l'histoire que nous nous racontons à ce sujet. Mêmes expériences. Une histoire différente. Quelque chose comme, le verre est à moitié plein au lieu d'être à moitié vide.

> » Lorsque je reçois une facture inattendue par la poste, par exemple, je peux me dire "ugh ! Pourquoi cela arrive-t-il toujours ? Je travaille si dur pour gagner mon argent et tout le monde essaie toujours d'en avoir un morceau." Ou bien, je peux me dire "heureusement que j'ai l'argent pour payer cette facture. Je suis si bien pourvu."

> » Lorsque quelqu'un me demande du temps que je n'ai pas vraiment à donner, je peux me dire : "Tout le monde a toujours besoin de

moi. Pourquoi ne puis-je pas avoir un après-midi à moi seul?" Ou je peux me dire : "Je me demande ce qui fait que j'ai tant de mal à dire non. De quoi ai-je peur ?"

» When it's a Saturday morning and I'm dreading getting out of bed because I'm out of energy, I can moan and complain and drag myself out of bed, or I can ask, "what would happen if I just slept for an hour longer? What if my to-do list isn't as pressing as I think it is?"

» Quand c'est un samedi matin et que je redoute de sortir du lit parce que je n'ai plus d'énergie, je peux gémir et me plaindre et me traîner hors du lit, ou je peux me demander "que se passerait-il si je dormais une heure de plus ? Et si ma liste de choses à faire n'était pas aussi urgente que je le pense?".

Alors qu'un état d'esprit de pénurie nous dit qu'il n'y a pas assez de temps pour faire la grasse matinée une heure de plus, que notre ami qui nous a demandé du temps sera tellement perdu sans notre aide, ou que tout le monde essaie toujours de nous prendre notre argent, un état d'esprit d'abondance dit simplement : la vie est compliquée. Il y aura toujours des besoins et des attentes contradictoires.

Nous devons réaliser que la vie devient très compliquée lorsque nous pensons que c'est nous qui faisons en sorte que les choses arrivent par nos propres capacités et forces. Dieu fait tout : "Que le bien-aimé de l'Éternel repose en sécurité en lui, car il le protège tout le jour, et celui que l'Éternel aime repose entre ses épaules." Deutéronome 33:12

Tout ce qui est bon vient de Dieu. Tout don parfait vient de lui. Ces bons cadeaux descendent du Père qui a fait toutes les lumières du ciel. Mais Dieu ne change jamais comme les ombres de ces lumières. Il est toujours le même. Jacques 1:17 ERV

Ce qui n'est PAS un état d'esprit d'abondance

TPour être clair, un état d'esprit d'abondance n'est pas une sorte de baguette magique "santé et richesse" qui va immédiatement vous transformer en millionnaire. L'état d'esprit d'abondance est une question de réceptivité.

En fait, cela signifie que je suis ouvert pour recevoir tout ce que Dieu a ordonné à l'avance pour ma vie. Voici la parole du Seigneur à Jérémie : "J'ai de bons plans pour toi. Je n'ai pas l'intention de te faire du mal. Je veux te donner de l'espoir et un bon avenir, Jérémie 29:11 ERV.

Les sentiments tels que la déception, la confusion, la douleur, etc. ne sont pas ce que Dieu a prévu pour vous. Le bonheur, la paix et la joie ne dépendent pas des circonstances de votre vie, mais ils sont l'indicateur que l'Esprit du Seigneur est à l'œuvre en vous (Galates 5:22).
Mon bonheur [Christ], je le porte en moi.

Lorsque vous avez un véritable sentiment de "suffisance", vous pouvez laisser entrer dans votre vie ce qui y entre et sortir de votre vie ce qui en sort. Vous n'avez pas besoin de contraindre ou de contrôler les gens ou les choses qui vous entourent parce que vous savez que tout ce qui vous arrive est une occasion d'apprendre et que vous recevrez exactement ce dont vous avez besoin, exactement quand vous en avez besoin.

"Mon Dieu utilisera ses glorieuses richesses pour vous donner tout ce dont vous avez besoin. Il le fera par Jésus-Christ." Philippiens 4:19 ERV
Tout ce dont vous avez besoin est déjà disponible pour vous, à cause de Dieu.

C'est un état d'esprit d'abondance. Et c'est beaucoup plus facile à dire qu'à faire. Je veux dire par là qu'il est beaucoup plus facile d'écrire à ce sujet que de creuser réellement ces voies de pensée lorsque vous faites face à une perte, ou à une peur de perte, ou à une saison de manquement dans votre vie. Louez Dieu pour ses capacités en vous : " Dites à tous ceux qui sont découragés, soyez forts et n'ayez pas peur ! Dieu vient à votre secours..." Esaïe 35:4 ERV.

"...Je suis le Seigneur tout-puissant. Ainsi, ne comptez pas sur votre propre puissance ou force, mais sur mon Esprit. " Zacharie 4:6 CEV

Surmonter l'état d'esprit de pénurie

"Aussi, je vous en prie, frères et sœurs, à cause de la grande miséricorde que Dieu nous a témoignée, offrez-lui vos vies en sacrifice vivant, une offrande qui n'est que pour Dieu et qui lui est agréable. Compte tenu de ce qu'il a fait, il est juste que vous l'adoriez de cette manière. Ne vous transformez pas pour ressembler aux gens de ce monde, mais laissez Dieu vous changer intérieurement avec une nouvelle façon de penser. Vous serez alors en mesure de comprendre et d'accepter ce que Dieu veut pour vous. Vous serez en mesure de connaître ce qui est bon et agréable pour lui et ce qui est parfait." Romains 12:1-2 ERV

L'une des choses les plus importantes que nous puissions faire, je crois, pour nous tailler ces nouvelles histoires, est de changer délibérément nos schémas de pensée.

Ainsi, par exemple, au cours des quatre dernières années, j'ai permis à l'esprit du Christ en moi d'éradiquer complètement à la racine toutes les pensées négatives que j'avais (des pensées comme "peu importe ce que je fais, ce n'est jamais assez !") et de remplacer ces pensées par la vérité sur qui je suis en Christ et ce que j'ai à ma disposition en Lui, maintenant !

POINTS À RETENIR

1. Un état d'esprit de pénurie nous expose à une compétition malsaine, à la jalousie, à l'anxiété, au surmenage et à la confusion sur ce qui compte vraiment.

2. Un état d'esprit d'abondance est une question de réceptivité.

3. Tout ce dont vous avez besoin est déjà à votre disposition, grâce à Dieu.

Crainte de l'homme

> **Scénario 1:** Prendre un nouvel emploi ou rencontrer un nouveau client... vous êtes assailli par une centaine de peurs : que vont-ils penser de moi ? Serai-je jugé pour mes goûts vestimentaires ?
>
> **Scénario 2:** Emménager dans un nouveau quartier huppé ou s'inscrire à un cours universitaire... Vous vous inquiétez de plusieurs choses : allons-nous nous fondre dans la masse des autres résidents ? Comment vais-je être accepté par les autres étudiants ?

Ces deux scénarios ne sont que la partie visible de l'iceberg proverbial. Qui que vous soyez, où que vous soyez, quel que soit votre milieu personnel, professionnel, social ou culturel, la peur de ce que les autres pensent de vous est un problème courant. Les seuls différenciateurs étant les situations et les personnes. Personne, y compris vous et moi, n'est à l'abri de cette peur. En termes simples, il s'agit de la "peur de l'homme".

Personnellement, j'aimerais pouvoir dire que je n'ai jamais eu affaire à ce type de peur. Mais honnêtement, ce ne serait pas la vérité. Laissez-moi l'avouer, la peur de l'homme a été un aspect indésirable de ma vie. Mais plutôt que de me complaire dans la douleur et l'incertitude que cette peur créait dans ma vie, j'ai décidé de prendre le taureau par les cornes.

L'expression "peur de l'homme" est une catégorie biblique de la peur. Elle englobe un large éventail de préoccupations liées à ce que les gens pensent de nous ou de ce que nous faisons. À un niveau fondamental, il n'y a rien de mal à se soucier de ce que les gens pensent de nous ; il n'y a pas non plus de mal à souhaiter être bien vu. Proverbes 22:1 dit : "Il faut choisir un bon nom plutôt que de grandes richesses, et la faveur vaut mieux que l'argent ou l'or. Une bonne réputation est en fait une chose précieuse à avoir.

La peur de l'homme survient lorsque nous nous préoccupons trop de ce que les gens pensent de nous. C'est un sentiment à double sens : d'une part, il s'agit d'un désir démesuré d'être approuvé par les gens et, d'autre part, d'une peur démesurée d'être rejeté par eux. En fin de compte, la peur de l'homme nous pousse à mettre les gens à la place de Dieu dans nos vies, ce qui n'est rien d'autre qu'une forme d'idolâtrie.

I. La crainte de l'homme tend un piège

Proverbes 29 dit que la crainte de l'homme tend un piège. Ici, le mot "piège" peut signifier l'appât ou le leurre qui mène à un piège, ou il peut même se référer au piège lui-même. Les pièges, dans l'ancien temps, comme aujourd'hui, étaient des dispositifs - souvent des nœuds coulants ou des filets - qui étaient utilisés pour capturer des animaux ou des oiseaux. De même, la peur de l'homme nous piège et nous empêche de vivre dans la liberté à laquelle le Christ nous a appelés. Cette peur nous empêche de vivre joyeusement et de faire le bien tant que nous vivrons, au lieu de nous contenter du plaisir inconstant de l'homme éphémère. Il est intéressant de noter qu'une grande partie de l'efficacité d'un piège est qu'il est caché.

Il est inutile d'étendre un filet à la vue de tous les oiseaux ! Proverbes. 1:17

Le piège est caché sous les feuilles et les broussailles afin que la proie ne s'en rende pas compte avant qu'il ne soit trop tard. De même, la peur de l'homme peut être camouflée dans nos vies, et de bien des manières différentes - elle n'a pas toujours la même apparence ou ne nous attrape pas tous sur le même chemin. Quelle que soit votre personnalité ou votre éducation, il y a des façons dont la peur de l'homme peut surgir dans votre vie si vous ne faites pas attention. Je pense que les adolescents, en particulier, sont confrontés à la peur de l'homme à un degré unique ; cela s'appelle la pression des pairs. La pression pour penser d'une certaine manière, parler d'une certaine manière, regarder d'une certaine manière, croire d'une certaine manière, aimer certaines choses, ne pas aimer certaines choses. Mettons de côté les broussailles et les feuilles et identifions quelques-unes des façons dont la peur de l'homme peut piéger quelqu'un, puis terminons en examinant la réponse surprenante à la peur de l'homme dans nos vies.

a. La peur de sembler stupide

L'une des façons les plus courantes dont la peur de l'homme nous piège est de nous empêcher de faire quelque chose que nous savons que nous devrions faire, ou quelque chose qui serait bon pour nous, ou quelque chose qui nous ferait sortir de notre zone de confort et nous pousserait à nous dépasser - de peur de paraître stupide.

Il y a plusieurs années, j'ai souhaité apprendre à chanter et j'ai donc rejoint une chorale de l'église (CEP) où j'ai découvert mon salut déjà acquis en Christ. C'était ma première fois ; j'avais l'habitude de chanter moi-même mais je voulais vraiment faire partie de la chorale parce que j'adorais la façon dont ils chantaient tous les dimanches. Ce n'était vraiment pas naturel pour moi. Chanter toutes sortes de notes en même temps était naturel pour moi. Mais le faire en toute harmonie et sur un seul ton ne l'était pas. Une de mes sœurs bien-aimée, Lea Epossi, que j'aime beaucoup, était à la chorale avec moi. Elle était bonne et il était naturel pour elle de simplement chanter alors que je luttais pour rester dans un seul style. En bref, j'étais dans tous les sens. Et à plusieurs reprises, j'ai commencé à me sentir stupide. En fait, à vrai dire, j'avais l'air ridicule tout le temps ! Mais il y avait des moments où je me sentais gênée de paraître drôle parmi les voix les plus étonnantes qui entouraient la mienne. À un moment donné, j'ai été tenté d'abandonner parce que l'idée que j'avais l'air drôle commençait à me trotter dans la tête. Je me suis débarrassée de cette idée parce que je savais que j'étais un débutant et que j'avais l'air d'un débutan. Mais pour être honnête, J'ai été complexé à plusieurs reprises.

C'est l'un des pièges de la peur de l'homme : certaines personnes vivent leur vie enfermées dans une petite cage appelée "Je ne risque pas d'avoir l'air idiot si je reste dans ces limites". Si vous luttez contre la peur de l'homme sous cette forme, vous savez ce que je veux dire : vous ne prenez peut-être pas de cours pour apprendre quelque chose de nouveau parce que vous pourriez avoir l'air idiot, ou vous n'allez pas vers de nouvelles personnes parce que vous pourriez avoir l'air idiot, ou vous n'utilisez pas les dons que Dieu vous a donnés parce que vous pourriez avoir l'air idiot, ou vous ne dansez pas aux mariages parce que vous pourriez avoir l'air idiot… en fait vous aurez l'air idiot ! Il y a des gens qui vivent dans des cages à barreaux de fer forgées par la peur d'avoir l'air idiot - et ils ratent tellement d'opportunités parce qu'ils ont peur d'avoir l'air idiot. Mon conseil le plus sincère est de ne pas en faire partie.

Mais ce qui est encore plus grave, c'est que la peur de paraître ridicule peut nous réduire au silence lorsque l'Esprit du Seigneur nous incite à dire à quelqu'un à quel point Jésus est merveilleux. 1 Corinthiens 1:18 nous dit que le message de la Croix est une folie pour ceux qui périssent. En d'autres termes, Dieu n'a pas choisi une manière cool ou branchée pour nous sauver du péché. Penser que 'le Dieu a marché parmis nous et s'est laisse faire, ensuite est mort sur la croix' semble peu cool, faible et insensé pour l'homme naturel. Il n'y a aucun moyen d'éviter d'avoir l'air idiot si nous voulons être fidèles au message salvateur du Christ crucifié. Nous devons être prêts à passer pour des idiots au nom du Christ, car la peur de l'homme ne fait pas que nous piéger, elle piège le message qui nous a été confié lorsque nous y cédons.

b. Essayer d'impressionner les gens

Comme nous l'avons vu, la peur de l'homme est un piège rusé et elle est cachée à la vue de tous afin de nous prendre par surprise. Il serait erroné de penser que ce piège n'est tendu qu'aux personnes timides et craintives. Si vous êtes le genre de personne qui regarde les gens dans les yeux et leur serre la main avec confiance, qui prend les choses en main quand vous entrez dans une pièce, qui est toujours le centre d'attention, la peur de l'homme peut aussi vous piéger sur votre chemin.

Elle se cache souvent sous le couvert d'une volonté d'impressionner les gens - le désir d'être admiré, d'être regardé, d'être applaudi. La peur de l'homme n'est pas tant une peur qu'une vie centrée sur les hommes - une vie qui est motivée par l'orgueil et la façon dont nous apparaissons aux yeux des autres, de sorte qu'elle peut se manifester par une volonté d'impressionner les gens. Et le but est le piège : nous définissons notre vie à travers le regard des autres. Nous avons besoin d'être le centre d'attention, nous avons besoin d'être aimés, nous avons besoin d'être promus, nous avons besoin d'être considérés comme ayant réussi, parce que nous pensons que nos vies et nos identités sont déterminées par ce que les gens pensent, plutôt que par ce que Dieu pense de nous. La vie finit par devenir un grand spectacle et chaque jour est une première. Nous lisons les critiques pour savoir comment nous nous en sortons. Ces personnes peuvent exceller dans ce qu'elles font parce qu'elles sont motivées par la peur de l'échec ou par la crainte de ne pas impressionner les autres. Leur identité est liée à ce que les autres pensent d'elles, et c'est une cage terrible. Parfois, la personne bruyante et grégaire, celle qui semble toujours avoir confiance en elle et prendre les choses en main, peut en fait cacher un cœur terriblement incertain sous toute cette bravade.

c. Essayer de plaire aux gens

Une autre forme courante de la peur de l'homme, c'est lorsque nous sommes poussés à faire plaisir aux gens. Nous détestons décevoir les gens. Nous détestons dire "non" aux gens. Nous détestons qu'ils ne nous aiment pas.

Le rémora, également connu sous le nom de poisson ventouse, est un poisson qui s'attache à d'autres poissons, pour faire du stop. Nous pouvons choisir d'être des poissons-ventouses humains, en faisant toujours de la lèche aux gens et en essayant toujours d'obtenir leur approbation. Nous voulons laisser une traînée de gens qui sont heureux avec nous et nous ne pouvons pas supporter de penser que des gens soient malheureux avec nous. Nous devenons "gentils" au lieu d'être "bons" parce que "gentils" ne déplaît pas. Nous devenons des caméléons qui changent avec notre environnement. Nous adaptons ce que nous disons en fonction de la personne avec laquelle nous sommes, nous mettons l'accent sur ce que nous savons qu'elle approuvera et nous étouffons ce que nous pensons qu'elle n'approuvera pas. Faire plaisir aux gens devient plus important que d'être sincère avec eux et fidèle à Dieu.

Paul a écrit aux Galates sur ce piège de la peur de l'homme lorsqu'il a écrit : "Est-ce que je cherche maintenant l'approbation de l'homme, ou celle de Dieu ? Ou est-ce que je cherche à plaire à l'homme ? Si je cherchais encore à plaire à l'homme, je ne serais pas un serviteur du Christ. Galates 1:10

Paul ne dit pas que nous ne devrions jamais essayer de plaire aux gens ou que c'est toujours mal de vouloir que les gens nous approuvent. Il parle de ce qui nous pousse, de ce qui nous motive, de ce qui nous contrôle. Si notre objectif est de plaire aux gens plutôt que de plaire à Dieu, notre service pour le Christ sera sérieusement entravé.

Encore une fois, le message de l'Évangile est une offense pour ceux qui périssent, et si nous sommes fidèles à proclamer l'Évangile, cela offensera certaines personnes. Nous ne devons pas chercher à être personnellement offensants - bien au contraire! - mais si nous sommes fidèles à l'annonce de l'Évangile, cela offensera certaines personnes. Ainsi, la peur de l'homme nous tentera d'adapter le message offensant du Christ en un message agréable et inoffensif qui ne risque pas d'offenser mais qui ne porte pas non plus la puissance de l'évangile.
Ce ne sont là que trois expressions courantes de la peur de l'homme. Vous pouvez expérimenter d'autres façons dont la peur de l'homme opère dans votre vie. L'important est de réaliser que cela tend un piège - cela vous empêchera inévitablement de faire ce que vous êtes censé faire et de vivre dans la liberté que l'évangile a fournie.

II. Surmonter notre crainte de Dieu

L'amour de Dieu est disponible gratuitement pour chaque créature de la planète. Cet amour Agapè est si bouleversant qu'il embellit la vie de ceux qui le reconnaissent et le reçoivent. Pour ceux qui le fuient, c'est une oppression de contradictions.

La crainte du seigneur vient du mot grec theosébeia qui est une expression de révérence et d'adoration envers Dieu. Vous ne pouvez pas adorer Dieu si vous ne l'aimez pas. Peu importe combien vous craignez Dieu, s'il n'y a pas d'amour dans votre cœur, il n'y a pas de Dieu que vous pouvez adorer. Que votre service à Dieu soit motivé par l'amour et jamais par la peur. Alors je vais répéter, ne restez pas dans la crainte de Dieu, mais dans l'amour de Dieu. Vous Lui donnerez le meilleur de vous-même lorsque vous serez amoureux de Lui. Vous ne ferez que ce que vous pensez être nécessaire si vous avez une relation avec lui basées sur la crainte à son égard - 1 Timothée 2:10.

La critique est inévitable. C'est le passe-temps de ceux qui n'arrivent jamais à rien. Si vous cherchez à plaire aux hommes, cela déplaira à Dieu, et si Dieu n'est pas satisfait, même les hommes que vous prétendez plaire seront mécontents de vous à un moment donné. Mais si vous cherchez à plaire à Dieu, même au point de déplaire aux hommes, Dieu fera en sorte que les hommes qui sont mécontents de vous deviennent contents de vous.

La crainte [l'amour-agapè] du Seigneur est une source de vie, qui permet de se détourner des pièges de la mort. Proverbes 14:27

Concentrez-vous sur le fait que Dieu vous a approuvé et qualifié, plutôt que de chercher à savoir comment vous pouvez être approuvé ou accepté par les gens. Savoir que Dieu vous a approuvé et qualifié est un peu comme le bon cholestérol qui empêche le mauvais cholestérol de s'accumuler dans les artères. Le fait de savoir que le Seigneur vous approuve est bon pour le cœur et aide à empêcher la crainte de l'homme de s'accumuler dans nos vies. Le Psaume 19:9 dit que la crainte [la révérence envers] du Seigneur est pure - elle nettoie et purifie nos cœurs des déchets comme la crainte de l'homme. La crainte du Seigneur met la vie en perspective - Les pensées de Dieu pour moi sont beaucoup plus élevées et plus importantes que celles des hommes.

Les Écritures nous aident à éradiquer la peur de l'homme et à grandir dans la conscience de la présence de Jésus.

L'une des façons d'éduquer nos cœurs à la révérence envers le Seigneur et de les éloigner de la crainte de l'homme est de mémoriser les écritures qui parlent de votre liberté en Christ. J'ai assisté une fois à une conférence d'un ministre de l'Évangile très populaire en Afrique. Avant de commencer son texte de la soirée, il a cité Hébreux 13:6 (qui cite le Psaume 118:6). Nous pouvons donc dire avec confiance : "Le Seigneur est mon aide ; je ne crains rien ; que peut me faire l'homme ?". J'ai appris plus tard qu'en grandissant, le pasteur dont je parle avait une peur bleue de parler devant des gens et l'une des façons dont il a appris à vaincre cette peur était avec les Écritures. Ce soir-là, il citait ce même Passage pour apaiser la peur de l'homme dans son âme.

Il existe une confession du courageux guerrier King David que vous pouvez utiliser chaque fois que vous avez l'impression que la peur vous retient. Psaume 27:1 - Le Seigneur est ma lumière et mon salut ; qui craindrais-je ? Le Seigneur est la forteresse de ma vie, de qui aurais-je peur?

David avait beaucoup de gens qui le haïssaient et qui voulaient lui ôter la vie. Mais tout cela n'était rien car le Seigneur était son protecteur, la forteresse qui protégeait et gardait sa vie. Ainsi, lorsque nous sommes confrontés au genre de peur de l'homme, qui nous paralyse, nous réduit au silence, nous fait craindre de sortir ou de risquer la désapprobation des gens, nous devons nous rappeler que seul Dieu est grand et qu'il tient nos vies entre ses mains. Demandez-vous : "Que peut me faire l'homme ? De qui dois-je avoir peur? La crainte du Seigneur nous conduit à faire confiance au Seigneur.

Mais qu'en est-il de cette peur de l'homme qui nous pousse à rechercher l'acceptation, l'approbation, voire l'admiration ? Qu'en est-il de la peur de l'homme qui n'est pas ressentie comme une peur ? Elle ressemble plutôt à un désir d'être grand aux yeux des hommes - d'être considéré comme quelqu'un qui a réussi, qui est important ? Pour être applaudi et considéré comme le meilleur, le plus intelligent, le plus..... vous pouvez remplir le vide.

Le fait que Dieu vous ait accepté en Christ est suffisant pour être en paix [Éphésiens 1:4]. Parce que nous commençons à voir qu'à la racine de la peur de l'homme, il n'y a pas seulement une petite vision de Dieu et une grande vision des gens, mais, à un niveau plus profond, une petite vision de Dieu et une grande vision de nous-mêmes. L'orgueil est à la base de la peur de l'homme. Ce n'est pas que nous nous préoccupons des autres, nous nous préoccupons de ce que les autres pensent de NOUS ! La peur de l'homme est différente de l'attitude désintéressée et attentionnée envers les autres. Il s'agit d'être attentif aux autres en fonction de ce qu'ils peuvent nous donner. La vie devient une table de négociation géante - nous les complimentons parce que nous voulons leur approbation, parce que nous pensons que leur approbation fait monter nos actions.

POINTS À RETENIR

1. La crainte de l'homme survient lorsque nous nous préoccupons trop de ce que les gens pensent de nous.

2. La critique est inévitable. C'est le passe-temps de ceux qui n'arrivent jamais à rien.

3. L'amour de Dieu est disponible gratuitement pour chaque créature de la planète.

4. Les Écritures nous aident à éradiquer la peur de l'homme et à grandir dans la conscience de la présence de Jésus.

5. La crainte du Seigneur met la vie en perspective - Les pensées de Dieu pour moi sont beaucoup plus élevées et plus importantes que celles des hommes..

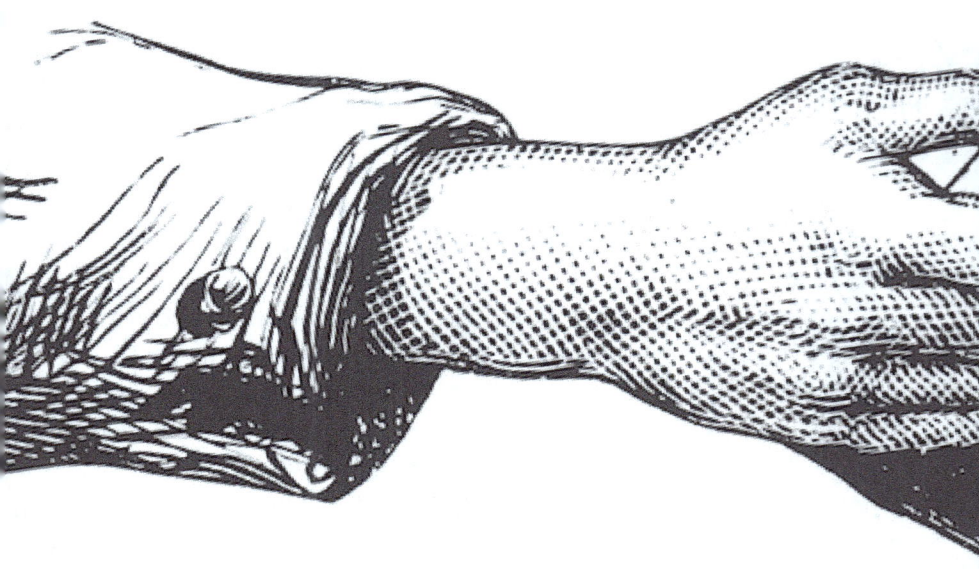

SECTION 2

Introduction

Selon un vieux dicton, plus que le médicament, c'est la foi dans le médecin qui guérit une personne. En tant que personne qui souscrit à cette philosophie, je pense qu'il est dans l'ordre des choses de remplacer le médecin par Dieu. La foi, dit-on, peut déplacer des montagnes. Alors, quelles sont les quelques peurs que nous rencontrons dans notre vie ?

Alors que la section précédente a examiné les aspects physiologiques et médicaux de la peur, j'ai tenté dans cette section d'offrir aux lecteurs un regard ciblé sur le rôle de la foi et de la spiritualité dans la lutte contre la peur.

En effet, là où il n'y a pas de foi, il ne peut y avoir de victoire. Et c'est précisément là que le pouvoir de la foi et la dévotion au Divin Suprême entrent en jeu.

Dans les pages qui suivent, nous examinerons la relation entre notre vie d'êtres humains, la peur et Dieu.

C'est un fait que Dieu, par Jésus-Christ, nous a créés pour vivre et aimer, et non pour avoir peur. J'ai systématiquement examiné le sujet sous divers angles et dimensions afin que même les profanes puissent comprendre que Dieu et son amour nous soutiennent fermement afin que nous vivions notre vie sans crainte.

Ensemble, démêlons les distinctions entre la peur de Dieu, Son Amour, et comment surmonter notre peur de Lui...

La relation entre Dieu et l'homme

Avant de nous aventurer plus avant dans le domaine de Dieu et de la dévotion, revenons à une fable d'enfance que nous connaissons tous. Oui, je pense à l'histoire d'Androcles et du lion. C'est une belle histoire qui souligne le pouvoir de la gentillesse et de la gratitude. C'est exactement le genre de relation que nous entretenons avec Dieu.

Dans ce conte qui se déroule dans la Rome antique, un esclave chrétien appelé Androcles échappe à son cruel maître et s'enfuit dans la forêt. Alors qu'il se promène dans la forêt, il rencontre un lion faible et qui gémit de douleur. L'esclave au grand cœur examine le lion et découvre une énorme épine plantée dans la patte du lion, il enlève la patte et soigne la patte blessée. Quelques jours plus tard, Androcles est capturé et condamné à être jeté aux lions, en guise de punition. L'immense foule de spectateurs attend que le lion dévore Androcles dans l'arène. Mais à leur grand désarroi et à leur grande surprise, le lion, manifestement très affamé, s'approche simplement d'Androcles et lui lèche affectueusement le visage. Il s'avère qu'il s'agit du même lion qu'Androcles avait aidé dans le désert. L'empereur ordonne que les deux soient libérés.

Il est intéressant de noter que la gentillesse et la gratitude sont les deux qualités qui sont mises en avant dans cette histoire. Si nous regardons plus profondément dans l'histoire, nous pouvons voir que notre relation avec Dieu est basée sur son amour, sa bonté et notre gratitude.

Nous ne sommes pas faits pour vivre dans la peur

Lorsque Dieu nous a créés, il n'a jamais voulu que nous ayons peur ou que nous soyons anxieux. Dieu est Amour par nature, ce qui implique que nous avons été créés par amour et dans l'amour. Rappelez-vous, nous sommes à Son image et à Sa ressemblance [Ecclésiaste 3:14 dit que "ce que Dieu fait est pour toujours ; rien ne peut l'enlever ni y ajouter"].

Adam a oublié qui il était aux yeux de Dieu dès qu'il a goûté à l'arbre de la connaissance du bien et du mal. Plutôt que de se concentrer sur l'amour et la bonté de Dieu, il a remplacé tous les grands moments qu'ils ont eus par le fait qu'il était nu, indigne ou pas assez bon pour se tenir dans le présent de Dieu comme il était avant la chute. C'est le problème que la plupart d'entre nous rencontrent aujourd'hui dans le monde, nous sommes d'accord sur le fait que Dieu est amour, mais au fond de nous-mêmes, nous ne comprenons pas vraiment ce que cela signifie, et nous ne sommes donc jamais assez libres pour sentir Son étreinte dans nos vies. Certains d'entre nous craignent d'être aliénés, séparés ou de devenir des ennemis de Dieu dès que nous faisons quelque chose qui, pensons-nous, peut changer son opinion ou son humeur à notre égard. La réalité est que tout est dans NOTRE ESPRIT, tout comme pour Adam. Dieu est toujours venu vers Adam comme si rien ne s'était passé, mais Adam ne pouvait pas ressentir la communion avec Dieu ; non pas parce que Dieu a changé, mais parce que la vision qu'Adam a de Dieu et de lui-même a changé depuis qu'il s'est ouvert à la corruption. Selon la lettre de Paul aux Colossiens 1:21. Vous étiez les ennemis de Dieu dans VOTRE esprit, pas dans le Sien.

Il n'y a absolument aucune peur dans l'Amour, tout comme il n'y a pas de mort absolue dans la Vie. Adam n'a jamais eu peur avant la chute. Dieu n'a jamais voulu que nous ayons peur de lui, ni de tout ce qu'il a créé ; au contraire, tout ce qu'il a créé a toujours été pour que nous nous amusions et que nous contemplions sa face pendant notre séjour sur terre. L'expression "craindre le Seigneur" est souvent comprise à tort comme signifiant que nous devons avoir peur de lui ou trembler lorsque nous sommes en sa présence, mais c'est tout le contraire de ce que Dieu a toujours souhaité. Dieu veut que vous vous sentiez plus à l'aise en sa présence que vous ne pourriez le faire en présence de vos parents biologiques. Le mot "crainte" utilisé par l'apôtre Paul est en fait le mot grec phoibe qui signifie rayonnant. Jésus a rendu le Dieu invisible visible à tout ce qui a été créé. Il est l'éclat de la beauté de Dieu. Nous ne pouvons pas être un jour motivés par la peur et un autre jour par l'amour. Souvent, dans les Écritures, lorsqu'un ange apparaissait devant quelqu'un, l'ange disait généralement de ne pas avoir peur, avant qu'il ne délivre le message prévu.

Dieu nous a créés pour être en communion avec Lui, pour avoir une relation et être en harmonie avec Lui, pour profiter de Sa création et expérimenter Son amour et Sa paix à travers tout ce qu'Il a créé. Sous la loi de Moïse, certaines actions étaient prescrites au peuple juif pour être protégé de la "colère de Dieu". Si les sacrifices d'animaux couvraient temporairement leurs péchés, suivre les dix commandements était le seul moyen d'"apaiser Dieu".

Lorsque Jésus est venu sur terre, tout cela a changé. Jésus a traversé tous les mondes pour que nous puissions avoir une relation vivante avec son Père ; cette relation n'a jamais été fondée sur nos bonnes actions, mais sur la puissance de son œuvre qui nous libère jusqu'à l'extrême. Dieu nous a donné la grâce et la paix par Jésus-Christ notre Seigneur. La Bible dit que là où il y a de la crainte, il n'y a pas d'amour : "Il n'y a pas de crainte dans l'amour, mais l'amour parfait chasse la crainte. Car la crainte a rapport au châtiment, et celui qui craint n'a pas été parfait dans l'amour (1 Jean 4:18 ESV)." Ce seul verset montre clairement que les choses ont changé depuis l'époque de Moïse. Dans notre génération aujourd'hui, tout ce qui est créé ne devrait pas être motivé par une quelconque forme de peur dans sa relation avec Dieu ou tout autre être. Là où il y a la peur, il y a la terreur, l'effroi, la panique, la détresse, l'effroi, l'inquiétude et l'anxiété. En revanche, là où il y a de l'amour, il y a de l'intimité, de la dévotion, de l'adoration, du culte, de l'affection profonde, de la tendresse, de la chaleur, de l'affection, de l'acceptation, du plaisir et de la tendresse. La relation que la plupart des gens entretenaient avec YHWH dans l'Ancien Testament était motivée par la peur, ce qui donne l'image d'une relation très malsaine.

Nous comprenons maintenant que nous étions tous dans le même bateau ; notre comportement déformé est la preuve d'un modèle perdu. Si la loi de l'Ancien Testament a prouvé notre dilemme, la grâce de Dieu a annoncé notre rédemption en Jésus-Christ. Aux yeux de Dieu, nous sommes innocents, non pas parce que nous sommes parfaits, mais parce que son amour pour nous est plus éloquent que notre comportement déformé. C'est Dieu qui nous a rendus justes, pas nous-mêmes - l'apôtre Paul nous dit dans 2 Corinthiens 5:21 que Jésus s'est fait péché pour que nous [tous les hommes et toutes les femmes] devenions une fois pour toutes la justice de Dieu. Le principe du don rend obsolète l'idée d'être récompensé en fonction de ce que nous "faisons" ou "ne faisons pas". Ainsi, si Dieu nous a libérés du pouvoir des ténèbres et nous a fait entrer dans le royaume de son Fils, alors la peur n'a plus sa place dans nos vies. L'amour de Dieu est l'antidote ultime à toute peur que vous pouvez éprouver dans votre vie. Tout domaine de votre vie où la peur règne encore est précisément un domaine où vous lui faites le moins confiance ; c'est là que se trouvent probablement nos plus grandes craintes. Ce seul fait est une raison pour que la peur soit vaincue. Sinon, la Bible ne nous répéterait pas sans cesse de "ne pas craindre".

Vous devez accepter le fait que nous vivons dans un monde brisé et que nous ferons tous l'expérience d'un mélange de bonnes et de mauvaises choses. Aucune peur ne pourra changer ce mélange. Mais le fait de savoir que vous êtes aimés, acceptés par Dieu et que vous avez été bénis et hautement favorisés développera votre force intérieure et votre détermination à affronter toute situation la tête haute.

Si Dieu est amour, ce que la Bible nous dit dans 1 Jean 4:8, et qu'il n'y a aucune crainte en Lui, alors plus on fait l'expérience de Dieu/Amour, moins on a peur. Puisque nous savons qu'Il nous a créés pour être en relation avec Lui, en expérimentant Son amour dans tout ce que nous faisons, nous savons qu'Il ne veut pas que nous vivions dans une quelconque forme de peur. Lorsque nous savons vraiment qui est Dieu et que nous avons confiance en Lui, nous faisons l'expérience de la liberté, de la paix, de la joie et du bonheur. Il n'y aura pas de stress ni d'inquiétude là où nous faisons confiance à Dieu. Cela ne signifie pas que nous ne serons pas confrontés à des défis, nous le sommes tous, mais ils ne dicteront pas notre humeur, ne nous briseront pas et ne déformeront pas notre attitude, mais comme le dit l'Écriture dans Romains 8:28, nous savons que Dieu travaille en toutes choses pour le bien de ceux qui l'aiment. Le désir de tout parent est de voir ses enfants être les meilleurs dans tout ce qu'ils font ou feront dans la vie, ainsi est le désir de Dieu pour nous tous. Il nous aime bien plus que nous ne pouvons l'imaginer, il veut que nous en soyons conscients sans l'ombre d'un doute afin que nous puissions être la meilleure version de nous-mêmes et vivre une vie sans peur.

Le sentiment de peur est probablement l'une des émotions les plus fortes que nous éprouvons. Rien d'autre ne peut submerger une personne aussi complètement. Aucune autre émotion ne persiste aussi longtemps dans le corps. Cependant, il existe quelque chose de plus fort que la peur, et c'est l'Amour/Dieu. L'amour est la force la plus puissante de la planète. Si puissante qu'elle peut effacer sans effort les peurs les plus fortes qui nous assaillent.

Comme nous pouvons le voir dans les discussions ci-dessus, notre lutte contre l'émotion appelée peur ne peut réussir que si elle est basée sur l'amour et la confiance en Dieu. Alors, allez-y, prenez des mesures fermes pour accueillir Dieu dans votre vie et voyez vos peurs s'évaporer. La croyance en Dieu est le plus grand facteur positif qui ajoute de la force à tous les aspects physiques et pratiques impliqués dans l'affrontement de nos peurs.

Comme on l'a si bien dit, la foi peut déplacer des montagnes !
En fin de compte, c'est votre foi dans le vrai Dieu qui vous soutiendra à travers les épreuves et les tribulations pour résoudre vos peurs et vivre une vie saine.

Vos peurs disparaîtront lorsque vous vous reposerez entièrement sur l'amour de Dieu. Rien ne peut vous toucher lorsque vous avez Dieu dans votre cœur et que vous en êtes conscient !

POINTS À RETENIR

1. Lorsque Dieu nous a créés, il n'a jamais voulu que nous ayons peur ou que nous soyons anxieux.

2. Il n'y a absolument aucune peur dans l'Amour, tout comme il n'y a pas de mort absolue dans la Vie.

3. Acceptez le fait que nous vivons dans un monde brisé et que nous ferons tous l'expérience d'un mélange de bonnes et de mauvaises choses.

Une comparaison entre la peur et la dévotion

S'il est facile de comprendre des termes tels que la crainte, l'amour, la dévotion, la confiance, pris isolément, le problème se pose lorsque nous les examinons en relation avec Dieu. Invariablement, nous nous tournons vers les Écritures, pour nous retrouver encore plus embrouillés par la richesse des connaissances et des informations compilées dans ces livres. Le manque de connaissance ou l'incapacité à comprendre la littérature disponible sur le sujet conduit à la confusion, à la désinformation, voire à l'incrédulité. C'est précisément pour résoudre ces problèmes que j'ai abordé le sujet en détail ici. Une fois que nous aurons terminé ce chapitre, vous devriez être en mesure de voir ces émotions sous un angle plus élevé. Le but ici est d'essayer de vous aider à prendre conscience de Dieu, dans votre recherche de solutions pour bannir la peur de votre vie.

La crainte de Dieu

Si Dieu est un amour et que l'amour chasse toutes sortes de peurs, alors pourquoi certaines traductions de la Bible ou certains chefs religieux, nous disent-ils à plusieurs reprises de craindre Dieu ? Cela semble certainement être une grande contradiction, et si vous lisez ces passages avec une définition littérale du mot "crainte", vous pourriez être confus. Le sens propre du mot "crainte" utilisé dans les Écritures trouve son origine dans le mot grec "yiraw", dont la signification tend plutôt à montrer de la révérence et une reconnaissance honnête. Tout au long des écritures, en particulier dans l'Ancien Testament, nous trouvons de nombreux versets mentionnant la crainte de Dieu ou la crainte du Seigneur. Dans d'autres traductions/versions, le mot peur est traduit par honneur, crainte ou adoration. L'amour devrait être le facteur qui nous pousse à adorer et à honorer Dieu pour ce qu'Il est, plutôt que la peur.

Nous avons été inclus dans une relation avec Dieu pour un chemin de romance avec Lui. Mais il serait impossible d'en profiter si notre dévotion à son égard était motivée par la peur. Comment pouvons-nous jamais aimer Dieu si nous craignons qu'il se venge de nous ? S'il n'y a pas de crainte dans l'amour, alors il n'y a aucun moyen d'aimer le Seigneur et de le craindre en même temps.

"Il y a longtemps, en plusieurs temps et de plusieurs manières, Dieu a parlé à nos pères par les prophètes, mais en ces derniers temps il nous a parlé par son fils, qu'il a établi héritier de toutes choses, par lequel aussi il a créé le monde (Hébreux 1:1-2)."

Dans l'Ancien Testament, l'incompréhension de qui est Dieu était encore plus grande que dans le monde actuel. Nos ancêtres n'avaient pas le Saint-Esprit en permanence sur eux ou avec eux, pour les guider et les amener dans la vérité. Avant Jésus, seuls les prophètes pouvaient périodiquement entendre Dieu, mais aujourd'hui, toute personne qui croit que Jésus est le Fils de Dieu et voit qu'il est Seigneur, a le Saint-Esprit qui vit en elle. Le premier ministère du Saint-Esprit en nous est de nous aider à comprendre qui est vraiment Jésus, et Jésus révèle toujours son Père.

Il est tentant de lire les écritures et de penser que le Dieu de l'Ancien Testament est différent de Jésus dans le Nouveau Testament. Mais nous savons que Dieu est le même aujourd'hui qu'il l'était au commencement. Jésus est la parole de Dieu selon Jean ; il est le même hier, aujourd'hui et pour toujours (Hébreux 13:8).

Comme les Écritures nous disent dans Jean 1:1, "Au commencement était la Parole, et la Parole était avec Dieu, et la Parole était Dieu", alors nous savons que Dieu n'a pas soudainement changé d'avis lorsque les livres qui constituent le Nouveau Testament ont été écrits. Il n'a jamais été contre nous, mais pour nous. Sa nature a toujours été celle d'un amour parfait, et elle le sera toujours.

Il est plus facile de comprendre Dieu lorsque nous regardons Jésus. Ce n'est que parce que Jésus est pleinement Dieu, et qu'il était aussi pleinement homme, que nous sommes capables d'entrer en relation avec lui à un niveau plus humain. En entrant en relation avec Jésus, nous entrons également en relation avec le Père. Jésus lui-même a dit dans Jean 14:9 : "Il y a si longtemps que je suis avec toi, et tu ne m'as pas encore connu, Philippe ? Celui qui m'a vu a vu le Père ; comment peux-tu donc dire : Montre-nous le Père ?". Et puis, il a aussi dit dans Jean 10:30 : "mon Père et moi sommes un." Même les prophètes et les prêtres, qui étaient à l'origine les seules personnes qui pouvaient entendre Dieu, n'avaient toujours pas une compréhension de sa nature, parce que la façon dont Jésus a révélé que le Père était, était très différente de ce qu'ils savaient que Dieu était. Ils ont vu les châtiments déversés dans l'Ancien Testament, mais la plupart ne pouvaient pas interpréter le langage de Dieu parce qu'ils n'avaient pas le Saint-Esprit d'une manière permanente. Nous voyons combien tout le monde était étonné lorsque Jésus est venu sur terre. Personne ne s'attendait à ce que la relation avec Dieu soit facile et fondée sur rien d'autre que l'Amour seul. Cette influence des anciennes traditions n'a pas cessé après la venue de Jésus, qui est devenu ce qu'elles étaient, afin que la race humaine devienne ce qu'il a toujours été pour le Père. En 1741, Jonathan Edwards a prononcé un sermon sur "Les pécheurs aux mains d'un Dieu en colère", qui est l'un des sermons les plus influents dans la théologie du monde chrétien aujourd'hui. Ce sermon a contribué à créer dans la conscience des gens la conviction que Dieu n'est pas heureux mais en colère et qu'il est toujours prêt à détruire ou à tuer lorsque nous tombons ou faisons une erreur. Mais ce n'est certainement pas la vérité sur qui est Dieu. Tout ce que vous devez savoir sur Dieu [Père, Fils et Saint-Esprit] est présenté de la manière la plus précise possible à travers la personne et l'œuvre de Jésus-Christ, l'Oint. C'est pourquoi, lorsque nous regardons Jésus, il est si facile de voir Dieu comme l'Amour lui-même.

Jésus n'a jamais rejeté personne, ni fait en sorte que quelqu'un ait peur ou se sente indigne de lui. Il n'a jamais non plus donné à quiconque la crainte de son Père céleste. Tous ceux qui ont rencontré Jésus pendant son séjour sur terre ont pu voir et expérimenter la vraie nature de Dieu - celle d'un Père aimant et attentionné. Jésus a clairement indiqué qu'il ne voulait pas que quelqu'un ait peur, dans Jean 14.27 : "Je vous laisse la paix, je vous donne ma paix. Ce n'est pas comme le monde le donne que je vous la donne. Que votre cœur ne soit pas troublé et qu'il n'ait pas peur." Si tu veux connaître la paix qui dépasse l'entendement, tu dois renoncer à ton droit de tout comprendre.

Comme vous pouvez le constater, la crainte de Dieu est mal placée et Dieu nous aime en réalité malgré toutes nos insuffisances et nos faiblesses. La chose à faire serait de mettre de côté vos doutes à cet égard, et de vous abandonner à l'amour et à la joie illimités que Jésus vous offre. À travers ces pages, j'ai humblement tenté de démêler les confusions d'informations incomplètes, les semi-vérités et les idées fausses qui vous empêchent de laisser la vie du Christ s'exprimer à travers vous, et de trouver une solution aux peurs qui rongent votre bonheur. Bienvenue dans un monde sans peur, car rien ne se dresse désormais entre vous et Dieu.

POINTS À RETENIR

1. L'amour devrait être le facteur qui nous pousse à adorer et à honorer Dieu pour ce qu'il est, plutôt que la peur.

2. Il est plus facile de comprendre Dieu lorsque nous regardons Jésus.

3. Jésus n'a jamais rejeté personne, ni fait en sorte que quelqu'un se sente effrayé ou indigne de lui.

Pour le Thomas douteux en vous

Malgré toutes les explications, il est possible que certaines personnes aient besoin d'un peu plus d'assurance pour faire cet incroyable saut de la foi - du doute à la confiance et à l'amour. C'est parfaitement compréhensible car nous sommes tous uniques - en termes de valeurs physiques, mentales, émotionnelles. Pour les plus têtus parmi les enfants de Dieu, être capable de surmonter leurs inhibitions peut certainement être plus difficile. Mais ce n'est pas une tâche impossible. En effet, ces personnes sont celles qui s'immergent complètement dans l'amour du Seigneur, une fois leurs doutes dissipés. C'est précisément pour ces personnes que j'ai travaillé sur cette section. Rien ne me procure plus de joie que de renforcer leur croyance dans les principes fondamentaux de la foi chrétienne.

Surmonter notre crainte de Dieu

DMalgré toutes les écritures sur l'amour et les nombreux versets qui nous disent de ne pas avoir peur, certaines personnes peuvent encore craindre Dieu. S'il n'y a pas de révélation personnelle de l'amour de Dieu dans votre cœur, il n'y aura pas de confiance authentique en Lui. Puisque la foi plaît à Dieu, un manque de foi et la présence de la peur entravent notre relation avec Lui de plusieurs façons.

Avoir peur de Dieu montre notre incompréhension de qui il est vraiment. La présence de la peur dans votre cœur indique un manque de persuasion de son amour et de son attention pour vous, et pour tout ce qui concerne votre vie. Par exemple, si vous avez peur d'aller chez le médecin pour faire des examens, vous ne faites pas confiance à Dieu pour que tout se passe bien. Si vous êtes constamment terrifié à l'idée d'avoir un accident de voiture, vous ne faites pas confiance au Dieu qui vous aime, car s'il vous aime, il vous protégera. D'autre part, lorsque vous reconnaissez que vous êtes mort quand Jésus est mort et que vous êtes ressuscité avec lui, comme Paul l'a dit dans Éphésiens 2:6, alors vous direz comme Paul l'a dit dans Philippiens 1:21-23 "Pour moi... même la mort sera à mon avantage ; quitter cette vie, c'est être avec le Christ." Lorsque vous avez foi en cela, vous n'avez pas peur de la mort. Faites la liste de tous les domaines dont vous avez souvent peur, fermez les yeux et pensez à la façon dont Dieu vous aime et se soucie de vous, puis laissez la paix qui vient de cette conviction s'installer, puis voyez comment les mensonges de l'ennemi dans ces domaines vont se dissoudre. Lorsque vous avez une compréhension précise et une expérience authentique de l'amour de Dieu, la peur ne peut plus vous retenir captif ni vous contrôler.

D'une certaine manière, la peur dans un domaine particulier vous empêche de voir la main de Dieu dans ce domaine. L'amour est essentiel pour que la grâce puisse opérer ses miracles par la foi. Ainsi, si nous avons peur, nous ne lui faisons pas confiance pour s'occuper de la situation.

Nous agissons souvent en fonction de nos peurs pour tenter de prévenir ou de changer la situation à laquelle nous sommes confrontés. Si vous avez peur de ne pas avoir assez d'argent pour payer vos factures, cette peur peut provoquer un certain nombre de choses. Vous pouvez payer vos factures avec une carte de crédit, ce qui aggrave votre situation financière globale. Vous pouvez vous retrouver dans l'incapacité de dormir à cause de l'inquiétude, et ce manque de sommeil peut conduire à une moindre performance au travail, ce qui pourrait conduire à moins d'argent à long terme. En faisant confiance à Dieu pour que l'argent soit là, vous éviterez les actions plus dommageables qui pourraient résulter d'une tentative de régler la situation par vous-même.

Si Dieu voulait vraiment que nous ayons peur de lui, sa nature ne pourrait pas être celle de l'amour, puisque l'amour chasse la peur. L'amour et la peur ne peuvent pas exister ensemble, donc si Dieu est amour, il ne peut pas s'attendre à ce que vous le craigniez ou que vous ayez peur de lui ou de quiconque. Les prophètes de l'Ancien Testament ont partagé avec nous ce qu'ils pensaient être bénéfique pour nous de savoir. Ceux qui ont parlé de la crainte de Dieu l'ont dit en fonction de la dispensation sous laquelle ils vivaient. Si Dieu voulait que nous ayons peur de lui, nous ne pourrions pas l'aimer sincèrement et librement. Aimer quelqu'un parce que vous êtes tombé amoureux de lui est mieux que d'aimer quelqu'un parce que vous êtes forcé ou obligé. Et la Bible nous dit clairement qu'Il nous aime et je crois qu'une fois que nous comprenons cela, Son amour nous amène à Lui répondre sans effort. Il ne veut pas que nous ayons peur parce qu'Il veut une relation étroite avec nous, et personne ne peut véritablement aimer et faire confiance à une personne dont il a peur.

Cette vérité se reflète également dans la vie de Jésus. Sur terre, il était une personne très aimante. Il n'a pas essayé de faire en sorte que les gens aient peur de lui, il leur a plutôt dit de ne pas avoir peur. Jésus ne pouvait pas être à la fois suffisamment effrayant pour que nous ayons peur de lui et suffisamment attentionné pour que nous l'aimions. Jésus nous a montré l'amour du Père et sa grâce. Le Saint-Esprit qui vit en nous et nous donne la révélation de cet amour, tant dans la compréhension que dans la vie.

Selon 1 Corinthiens 13:4-7, Dieu/Amour est patient, bon, il n'est pas envieux ni vantard, il n'est pas arrogant ni grossier, il n'exige pas sa propre voie [important], il n'est pas irritable ni rancunier, il ne se réjouit pas de l'injustice. Mais il se réjouit de la vérité, supporte tout, croit tout, espère tout, endure tout. Ces versets vous sont peut-être devenus si familiers que vous ne réfléchissez pas vraiment à la définition de l'amour. Si nous considérons chacun des éléments de l'amour et que nous les comparons à la vie que Jésus a menée, il est facile de voir comment il a personnifié l'amour à tous égards.

Les fois où Jésus a dû corriger quelqu'un, il l'a fait à son avantage - de manière à lui faire prendre conscience du fait qu'il est meilleur en nature que les comportements déformés dans lesquels il se débattait. Même dans la colère, Il n'a pas agi avec ressentiment ou irritabilité, n'est pas devenu arrogant ou grossier, et n'a pas exigé que les choses soient faites à sa manière. Il a agi uniquement en fonction de ce que le Père lui a dit de faire et de dire.

La Trinité de Dieu est une communauté en soi, et un parfait exemple d'amour dans la manière dont chaque personne de la divinité est en relation avec les autres. C'est encore plus facile à voir en Jésus puisqu'il était la parole devenue humaine, tout comme vous et moi. Dans tout ce que Jésus a fait, il a obéi à son Père. Lorsqu'il ne savait pas quoi faire ou dire, il attendait que le Saint-Esprit le guide. Lorsque Jésus a partagé nos peurs afin que nous puissions en être guéris, il a exprimé notre peur d'aller sur la croix et a demandé à Dieu de lui en ôter la responsabilité, il a quand même obéi au Père et est allé sur la croix comme nous, même s'il était tellement stressé de le faire qu'il transpirait le sang. Si Jésus a pu avoir foi en son Père à notre place, au moment le plus sombre de sa vie, alors qu'il était confronté aux circonstances les plus terribles qu'une personne puisse connaître, alors nous devrions en faire autant. C'est ce que Dieu veut pour nous, que nous vivions de la foi de son fils, que nous lui fassions confiance dans tous les domaines de notre vie, dans toutes les questions, grandes ou petites.

Lorsque nous avons pleinement confiance en Dieu, il n'y a plus de place pour le doute ou l'insécurité. Au contraire, il n'y a que paix et bonté, compréhension et vérité, endurance et espoir. Dieu ne veut pas que nous ayons peur de quoi que ce soit, car cela nous empêche de connaître la grandeur de son amour et d'accomplir de grandes choses dans la vie. L'élimination de la peur fait plus de place à la confiance et à l'assurance, qui à leur tour nous apportent la paix qui nous permet d'être notre véritable moi. Dieu ne nous a pas créés pour avoir une vie pleine d'anxiété et d'inquiétude. Il nous a créés pour aimer et être aimés.

POINTS À RETENIR

1. Avoir peur de Dieu montre notre incompréhension de qui il est vraiment.

2. Nous agissons souvent sur nos peurs pour tenter de prévenir ou de changer la situation à laquelle nous sommes confrontés.

3. Lorsque nous faisons pleinement confiance à Dieu, il n'y a plus de place pour le doute ou l'insécurité.

Introduction

Nous avons atteint le stade où nous avons les bases et les aspects pratiques des peurs, bien en place. Cependant, avant que vous ne vous mettiez à mettre en œuvre ces enseignements, je pense qu'il est de ma responsabilité de familiariser davantage le lecteur avec les domaines du Royaume de Dieu.

Il est parfaitement compréhensible qu'au cours de notre chemin, nous nous essoufflions parfois et risquions d'abandonner la guerre contre la peur. Anticipant précisément de telles situations, j'ai inclus les chapitres suivants pour raviver votre enthousiasme et renouveler votre confiance dans l'amour du Seigneur.

Plus que le corps et l'esprit, s'attaquer à nos lacunes exige une application de l'esprit. C'est là que la plupart des gens ne parviennent pas à maintenir leur enthousiasme initial et abandonnent rapidement les bénéfices tirés de la compréhension des facteurs et de la mise en œuvre des étapes indiquées ici.

Je crois que le lien spirituel entre nous, les humains, et Dieu, est vital pour le succès de toute initiative dans laquelle nous nous aventurons. Dans les prochains chapitres, nous aborderons la question de la peur à un niveau supérieur.

D'une part, l'acquisition d'une plus grande clarté sur les aspects spirituels de la peur contribuera grandement à renforcer la force émotionnelle et à améliorer le bien-être physique et mental d'une personne. Plus important encore, cela contribue à consolider les réserves de force spirituelle qui ont été développées au cours des lectures jusqu'à présent.

En fin de compte, c'est seulement notre participation à la foi du Fils de Dieu qui peut soutenir notre chemin dans la vie et les batailles que nous menons. Suivez ces pensées et mettez-les en œuvre dans l'esprit, le corps et l'âme pour voir vos peurs se dissoudre avec le temps.

Les conséquences de la peur

La toute première fois que nous rencontrons le concept de la peur dans la Bible, c'est dans le jardin d'Eden. Dieu a créé Adam et Eve, le premier couple, en leur donnant un paradis parfait pour vivre dans l'innocence et le plaisir. Ils avaient une relation étroite avec Dieu, et cela a commencé sans aucune conscience de séparation, de retard ou de péché. Malgré leur relation étroite avec Dieu, ils ont laissé suffisamment de doutes s'insinuer dans leur esprit pour qu'ils aient peur.

Un regard sur l'histoire de la création nous montre que tout a bien commencé. Dieu a créé Adam, puis a décidé qu'il avait besoin d'un partenaire et a créé Eve pour lui. Le couple a été placé dans le jardin et a reçu l'autorité sur toutes les créatures de la terre. Ils avaient beaucoup de nourriture et entretenaient une excellente relation avec Dieu. Alors, qu'est-ce qui a mal tourné ? La peur est entrée en scène et a gâché tout le spectacle.

Tout a commencé lorsque Satan, le menteur, a réussi à capter l'attention d'Eve dans le jardin. Il a utilisé son plus grand attribut, le mensonge, pour ruiner la relation d'Adam et Ève avec Dieu. C'est la question de Satan qui a mis le doute dans la tête d'Eve :
"Il dit à la femme : "Dieu a-t-il vraiment dit : "Tu ne mangeras d'aucun arbre du jardin" ?" (Genèse 3:1-3 ESV)."

Ces mots nous montrent comment le diable amène la femme à remettre en question ce que Dieu a dit. Il déforme simplement les mots et change la signification même de ce que Dieu a demandé au premier couple de faire. Lorsque nous voyons attentivement ce que Dieu a réellement dit dans Genèse 2:16-17, c'est tout à fait clair : "L'Éternel Dieu donna cet ordre à l'homme : Tu pourras manger de tous les arbres du jardin, mais tu ne mangeras pas de l'arbre de la connaissance du bien et du mal, car le jour où tu en mangeras, tu mourras. (ESV)."

Satan a détourné les choses avec tant de ruse qu'Eve a été obligée de dire non. Dieu avait expressément dit qu'Adam et Ève pouvaient manger de tous les arbres à l'exception d'un seul, alors que le serpent a demandé si Dieu leur avait dit de ne manger du fruit d'aucun arbre. La question du serpent contenait une part de vérité et une part de mensonge, d'où l'ambiguïté. Mais Eve le corrigea et répéta ce que Dieu avait dit. Cependant, elle a ajouté que le simple fait de toucher l'arbre causerait la mort, alors que Dieu avait seulement dit que le fait de manger son fruit causerait la mort. À ce moment-là, elle a peut-être déjà agi par peur. Si elle avait peur que le serpent essaie de la tromper, elle aurait probablement exagéré et déformé les paroles de Dieu pour prouver que non, il n'a pas dit ce que le serpent a prétendu. La situation ne fait qu'empirer à partir de là, comme nous pouvons le constater aujourd'hui.

Le serpent continue ses mensonges, prétendant que ce que Dieu a dit n'est pas vrai : "Le serpent dit à la femme : 'Tu ne mourras pas certainement. Car Dieu sait que, lorsque vous en mangerez, vos yeux s'ouvriront, et que vous serez comme Dieu, connaissant le bien et le mal. (Genèse 3:4-5 ESV)." Nous ne pouvons pas savoir ce qu'Eve pensait lorsqu'elle a entendu cela, mais nous savons certainement, par ses actions ultérieures, qu'elle a commencé à se demander pourquoi Dieu a clairement indiqué qu'il fallait éviter de manger de cet arbre spécifique.

Maintenant, imaginez-vous dans un scénario similaire. Votre patron vous demande de terminer rapidement un projet, sinon il y aura des conséquences : si vous ne respectez pas le délai, le client se mettra en colère. En conséquence, vous commencez à travailler de toutes vos forces, en faisant de longues heures supplémentaires, pour faire de votre mieux parce que vous aimez et respectez votre patron. Puis, un collègue arrive et vous demande si vous allez être licencié si vous ne terminez pas le projet. Eh bien, non, pensez-vous, il n'a pas dit cela du tout, il a seulement dit que le client serait furieux si le délai était dépassé. Peut-être, dans votre empressement à montrer que vous savez ce que le patron a dit et que votre collègue a tort, vous ajoutez que le patron avait prévenu que le client pourrait aller voir ailleurs si le délai était dépassé. À ce stade, cela semble simplement être une issue possible, après tout.

Et puis votre collègue vous lâche une bombe. Il vous dit que la date limite n'est pas vraiment celle que vous pensiez, que votre patron veut que vous travailliez dur uniquement pour le faire bien paraître. Le collègue continue en mentionnant le bonus que le client offre si le travail est terminé plus tôt, et dit que le patron empocherait tout pour lui-même. Si vous êtes un travailleur acharné et que vous connaissez bien votre patron, vous pouvez reconnaître immédiatement que ce n'est pas vrai. Votre patron ne vous demanderait pas de faire des heures supplémentaires et de respecter un délai serré s'il était le seul à en récolter les fruits. Peut-être continuez-vous à faire votre travail, en pensant que votre collègue doit se tromper.

Mais à présent, la graine de cette pensée a été implantée en vous. Cette pensée bourdonne dans votre tête alors même que vous travaillez. Vous passez de longues heures loin de votre famille, loin de ce que vous aimez - il semble que vous soyez puni d'une certaine manière. Maintenant que vous commencez à y réfléchir, vous vous demandez si le patron ne se sert pas de vous pour prendre de l'avance. Il cache peut-être la vraie récompense - le bonus du client. C'est alors que votre collègue de travail enfonce le dernier clou. Il suggère que si vous donnez vous-même le travail au client, c'est vous qui pourriez recevoir la prime, et non votre patron.

À ce moment-là, il faut beaucoup de confiance pour continuer à travailler et ne pas penser du mal de son patron. La plupart des gens s'interrogeraient sur la situation et demanderaient à parler à leur patron. C'est dans notre nature humaine, après tout. Si ce n'était pas dans notre nature de remettre en question, alors Eve n'aurait jamais interrogé le serpent. Mais elle l'a fait.

Dans notre scénario actuel, si vous écoutez votre collègue, vous devrez aller dans le dos de votre patron pour donner le travail au client. Bien sûr, votre patron serait contrarié. Mais la peur d'être utilisé l'emporte sur le désir de faire plaisir à votre patron. Vous pouvez craindre de ne pas être reconnu pour le travail accompli. Vous pouvez craindre de ne pas recevoir de prime. Vous pouvez craindre de devoir continuer à faire des heures supplémentaires pour faire plaisir à votre patron, alors qu'en réalité, il n'est pas essentiel que vous travailliez autant et que c'est uniquement pour son bénéfice personnel. Toute personne à votre place voudrait probablement éviter une telle situation. Il faudrait que vous ayez vraiment confiance en votre patron et que vous sachiez qu'il ne vous demandera pas de faire quelque chose d'insignifiant ou qui dépasse vos capacités. Vous devriez vraiment avoir la foi que vous serez récompensé pour vous être surpassé.

Malheureusement, Eve n'était pas assez ancrée dans la connaissance que Dieu a partagée avec Adam. Elle craignait ou soupçonnait que Dieu lui cachait quelque chose, à elle et à Adam. Elle s'inquiétait de ne pas pouvoir être plus puissante, d'en savoir plus et de ressembler davantage à Dieu. Elle craignait que, d'une manière ou d'une autre, le fait de ne pas avoir cette connaissance ne lui fasse du tort. Elle a agi selon sa peur et a participé au mensonge du diable. Adam a suivi son exemple, même s'il savait que le serpent pouvait mentir. Il y a également participé, car même s'il se méfiait du serpent, sa peur de ne pas avoir cette connaissance était plus grande.

L'histoire ne s'arrête pas là. Adam et Eve ont rapidement compris qu'ils avaient fait quelque chose de mal. Dieu est apparu comme d'habitude, et ils ont eu peur à nouveau : "Ils entendirent le bruit du Seigneur Dieu qui se promenait dans le jardin à la fraîcheur du jour, et l'homme et sa femme se cachèrent de la présence du Seigneur Dieu parmi les arbres du jardin" (Genèse 3:8 ESV).

Ils se sont éloignés de Dieu en se cachant de lui. Au lieu d'admettre ce qu'ils ont fait, ils ont essayé de se cacher dans leur peur. Ils avaient probablement peur de la réaction de Dieu. Ils pensaient peut-être qu'ils seraient punis ou qu'ils mourraient d'une mort naturelle. Peut-être ne savaient-ils pas du tout à quoi s'attendre à ce moment-là ; et cette peur seule suffisait à les garder cachés. Ils ont ressenti la honte d'être nus et la peur de la réaction de Dieu à ce moment-là, et ils ont agi sur leur peur en fuyant.

Dans cette histoire d'une importance cruciale pour l'histoire de tout ce qui a été créé, nous voyons qu'une simple peur a conduit à un résultat massif. Heureusement, nous ne provoquerons pas tous la chute de l'humanité entière si nous agissons contre ce que Dieu a dit, mais l'effet sur nos vies individuelles peut être tout aussi catastrophique. Bien qu'il y ait eu une conséquence globale pour l'ensemble de l'humanité

- le fait que nous ayons cru à un mensonge sur Dieu et sur nous-mêmes - Adam et Ève ont également dû faire face à des conséquences personnelles, et ces conséquences ont été immédiates.

Juste après avoir eu peur, Eve a mangé le fruit qu'elle n'était pas censée manger. Cela a amené son mari à désobéir lui aussi au conseil direct de Dieu. Leur peur s'est alors accrue. Ils se sont cachés, créant ainsi une distance et un délai entre eux et Dieu. Ils ont également ressenti de la honte. Quelques instants après l'apparition du serpent, Adam et Eve sont passés de la jouissance du paradis à une vie de peur et de honte, plus éloignés de Dieu qu'ils ne l'avaient jamais été. Mais cela ne s'est pas arrêté là.

Une fois que Dieu les a trouvés et est venu aborder le problème, les choses ont empiré. Adam s'est retourné contre Ève lorsqu'il a été interrogé, en disant : "La femme que tu as donnée pour être avec moi, elle m'a donné du fruit de l'arbre, et j'en ai mangé" (Genèse 3:12). Eve, à son tour, a blâmé le serpent, affirmant qu'elle ne savait pas mieux et qu'elle avait été trompée : "Le serpent m'a séduite, et j'ai mangé" (Genèse 3:13). En plus de la séparation qu'ils ont créée entre eux et Dieu, il y a eu une séparation entre le mari et la femme. Ni l'un ni l'autre n'ont assumé la responsabilité de ce qu'ils avaient fait, et au lieu de cela, ils ont essayé de rejeter la faute sur quelqu'un d'autre, de peur de devoir faire face à une conséquence terrible autrement. La peur avait maintenant causé la division au sein du mariage ainsi que dans leur vie spirituelle.

Les conséquences de leur péché sont venues ensuite. Eve et toutes les femmes ont été informées des douleurs accrues de l'accouchement et de la lutte pour plaire à leurs maris. Adam a été informé de la douleur et de la difficulté à obtenir de la nourriture du sol, ce qui a entraîné un travail plus difficile pour les hommes. La conséquence finale fut que le couple fut retiré du jardin. Ils ont perdu le luxe de vivre au paradis, et leur relation avec Dieu, et entre eux, a été endommagée. Tout cela étant le résultat d'avoir agi par peur.

Nous ne saurons peut-être jamais comment les choses se seraient déroulées si Adam et Ève avaient fait pleinement confiance à Dieu au lieu de le craindre. Ils auraient peut-être continué à rester en

Eden, jouissant de la relation la plus étroite avec Dieu que l'on puisse imaginer, pour le reste de leur vie. Peut-être leurs enfants auraient-ils appris d'eux et auraient-ils également vécu dans le jardin d'Eden pour l'éternité. Nous ne pouvons pas en être sûrs, mais nous pouvons voir le résultat de leur peur et savoir qu'il aurait été préférable que cette peur ne soit pas présente ou qu'elle ne soit pas mise en œuvre.

POINTS À RETENIR

1. Lorsque la peur intervient, elle peut gâcher tout le spectacle.

2. Une simple peur peut conduire à un résultat énorme.

3. La peur peut provoquer une division au sein du mariage ainsi que dans leur vie spirituelle.

La peur nous oblige à vivre à partir d'une identité erronée.

Si nous ne connaissons pas la vraie nature de Dieu, nous ne connaissons pas notre propre nature, puisque nous sommes faits à son image et à sa ressemblance. Sans une bonne compréhension de qui nous sommes en Lui, il est facile non seulement d'avoir peur, mais aussi d'avoir une vision erronée de notre identité.

Sans une bonne connaissance de ce qu'est Dieu, vous pouvez continuer votre vie en faisant ce que vous pensez être de bonnes choses, en vivant d'une manière que vous croyez être bonne. Pourtant, il vous manque quelque chose. Vous ne savez pas ce que c'est. Alors, vous cherchez quelque chose pour le combler le vide. Certains se tournent vers la drogue ou l'alcool, d'autres vers le sexe et les jeux d'argent, d'autres encore vers la suralimentation ou tout autre moyen de combler ce "vide". Peu importe ce que vous essayez, rien n'apporte la satisfaction que vous recherchez. Par conséquent, vous continuez à chercher, essayant plus fort de combler "le trou" qui grandit en vous, chaque jour.

Jusqu'au jour où vous rencontrez quelqu'un qui semble être différent. Cette personne a tout ce que vous voulez : une bonne vie, une paix et une joie réelles, du bonheur et du succès, et une capacité étonnante à rebondir et à ne pas se laisser abattre. Vous l'interrogez sur sa vie et essayez de comprendre pourquoi il est différent de vous. Peut-être qu'il cache simplement un sentiment de vide. Il a peut-être trouvé un meilleur moyen de combler ce "trou".

En parlant avec lui, vous découvrez qu'il ne semble jamais avoir peur de rien. Il parle de Dieu et de tout ce qu'il a fait pour lui, de toutes les façons dont sa vie est formidable grâce à Dieu. Peut-être ne connaissez-vous pas Dieu du tout ou peut-être êtes-vous allé à l'église toute votre vie, mais vous n'avez pas vu les résultats que votre nouvel ami semble avoir. Là où votre vie est remplie d'inquiétude et d'anxiété, lui s'assoit et se détend, disant que Dieu s'est déjà occupé de tout et que tout finira par s'arranger.

En apprenant à le connaître, vous vous apercevez qu'il parle de Dieu non pas comme d'un être lointain dans le ciel, mais comme d'une communauté d'êtres qu'il connaît et aime personnellement ; ils sont réels et vivants, et il entretient avec eux une relation profonde et connectée. Il parle de l'amour de Dieu et du fait qu'il n'a jamais à en avoir peur. Il parle du fait d'être son enfant et de tout ce que cela implique d'être membre de la famille de Dieu.

Avec le temps, vous commencez à voir la différence entre vous et votre ami. Ce que vous croyez de Dieu ne semble pas correspondre à ce qu'il croit. Là où il a une confiance totale, vous vous inquiétez encore. Là où il sait que Dieu l'aime, vous doutez. Quelque chose est différent dans sa relation avec Dieu par rapport à la vôtre. Cela tient à ce que nous croyons de la nature de Dieu.

Vous pouvez craindre que Dieu ne vous soutienne pas lorsque vous postulez à un nouvel emploi. Vous pouvez craindre que vos enfants prennent un mauvais chemin dans la vie et que Dieu ne les empêche pas de s'impliquer dans des choses néfastes. Vous pouvez craindre que la douleur de votre dos ne s'aggrave et douter de la capacité de Dieu à vous guérir.

Toute cette peur vient de ce que vous croyez de Dieu, et par extension, de vous-même. Si vous croyez que Dieu vous aidera à trouver un nouvel emploi, qu'il gardera vos enfants à l'abri du danger et qu'il guérira votre douleur, alors vous pouvez le voir comme un Père aimant et attentionné, donnant à ses enfants tout l'amour et l'attention qu'ils méritent. Si vous n'avez que de la peur, vous verrez Dieu comme un être avare et insensible, qui n'est pas puissant ou qui vous prive de ses bénédictions. En fait, la façon dont nous voyons Dieu influence la façon dont nous nous voyons nous-mêmes.

Lorsque nous avons une vision erronée de nous-mêmes, cela entrave la foi. Si nous ne croyons pas que Dieu peut nous guérir, alors nous croirons que nous sommes destinés à être malades et à souffrir pour toujours. Si nous ne croyons pas que Dieu nous aime, nous croirons que nous ne sommes pas dignes d'être aimés et nous éviterons les relations parce qu'elles pourraient nous faire souffrir. Si nous ne croyons pas que Dieu peut nous aider à vaincre, nous croirons que nous sommes coincés dans notre dépendance ou notre état désespéré et que nous ne valons rien.

Lorsque nous appliquons la puissance de l'Évangile et que nous comprenons la Parole de Dieu lorsqu'elle nous enseigne sa véritable nature, le tableau est très différent. Si nous croyons en la guérison que Dieu nous a apportée en Christ, alors nous ferons l'expérience de la guérison. Elle nous fera nous sentir vivants et nous remplira d'espoir. Si nous croyons que Dieu nous aime, alors nous nous aimerons nous-mêmes et serons prêts à donner cet amour à quelqu'un d'autre. Si nous croyons que Dieu peut nous délivrer d'un état désespéré, alors cela seul nous donne de l'espoir et nous pouvons regarder notre vie en sachant que les choses vont s'améliorer et que nous ne serons pas coincés à jamais dans le désespoir.

Comprendre la vraie nature de Dieu nous aide à mieux nous voir et nous aide à être conscients de son amour immuable pour nous plutôt que de le craindre. Nous ne pouvons pas continuer à mettre notre confiance en nous-mêmes ou en notre anxiété et nous attendre à avoir une bonne vie. Nous devons apprendre à connaître Dieu comme un Père profondément aimant et attentionné avant de pouvoir nous sentir dignes de cet amour et de nous voir comme des personnes qui reflètent son amour et vivent en paix. La peur nous amène à voir Dieu comme un Père strict qui retient les bonnes choses, qui ne donne pas d'amour ou d'affection gratuitement. Cela nous amène à nous sentir sans valeur, non aimables, et nous maintient dans un état de désespoir. Lorsque nous savons que Dieu nous aime et prend soin de nous, qu'il a nos meilleurs intérêts à l'esprit et qu'il a le pouvoir de nous apporter de bonnes choses, nous nous considérons comme dignes de cet amour et de ces bonnes choses. Et cela nous remplit d'espoir, de paix et de joie. Cela nous conduit à accomplir les choses que nous essayons de réaliser sans que la peur nous retienne ou se mette en travers de notre chemin.

POINTS À RETENIR

1. Si nous ne connaissons pas la vraie nature de Dieu, nous ne connaissons pas notre propre vraie nature.

2. Lorsque nous avons une vision erronée de nous-mêmes, cela entrave notre confiance en Dieu.

3. Si nous avons foi en la guérison que Dieu nous a donnée en Christ, alors nous finirons par expérimenter la guérison.

4. Lorsque nous savons que Dieu nous aime et prend soin de nous, cela nous amène à accomplir les choses que nous essayons de réaliser sans que la peur nous retienne ou se mette en travers de notre chemin.

Fait pour l'amour

Parce que nous sommes nés d'en haut, Dieu nous a donné son Esprit. Selon 2 Timothée 1:7, "Dieu ne nous a pas donné un esprit de crainte, mais de puissance, d'amour et d'intelligence saine (NKJV)." Notre relation avec Lui ne peut pas être basée sur la peur. Il nous a aimés avant même que nous soyons conscients de ce qu'était l'amour (1 Jean 4:19).

Un esclave peut craindre son maître. Si le maître est difficile à travailler, qu'il donne des punitions fréquentes et qu'il a des exigences déraisonnables, l'esclave n'aimera pas son maître. L'esclave craindra ou méprisera son maître, ou finira par faire les deux. Il peut faire le travail pour éviter d'être battu ou puni. Il peut agir en ayant peur de son maître. Cela ne les conduit pas à une relation d'amour. Si on lui en donne l'occasion, l'esclave qui craint son maître n'hésitera pas à partir et à se libérer de lui pour toujours.

Dieu nous a rendus libres. Nous ne sommes pas ses esclaves, mais ses enfants. Il y a une grande différence entre être l'enfant de quelqu'un et être son serviteur. Nous sommes appelés à être en communion avec Lui dans le Christ et à nous aimer les uns les autres. Et nous le faisons volontiers, non pas par crainte ou pour éviter une punition. Nous sommes en communion avec lui et pouvons l'aimer parce qu'il nous a aimés le premier. Pensez à votre propre famille ou à vos amis. Ceux que vous aimez recevront davantage de votre temps et de votre énergie. Vous serez prêt à faire pour eux des choses que vous ne feriez pas pour quelqu'un avec qui vous n'avez aucune relation. Bien souvent, nous sommes au service de notre famille et de nos proches. Nous le faisons parce que nous les aimons, et non parce qu'ils nous le demandent avec force.

Dans une situation similaire, si une femme est maltraitée par son mari, elle peut commencer à se considérer comme un être de moindre valeur, puis se mettre à le servir, non par amour. D'une certaine manière, elle n'est rien de plus qu'une servante à bien des égards, tombant sous sa lourde main lorsqu'elle ne fait pas ce qu'il veut. Il n'y a pas de relation dans ce type de mariage si elle est obligée de faire tout ce que son mari exige, même si cela va à l'encontre de ce qu'elle est. Elle le fait parce qu'elle a peur d'être blessée ou d'être laissée seule. Elle n'agit pas par amour mais plutôt par peur, et encore une fois, si on lui en donnait la possibilité, elle se sortirait volontiers de cette mauvaise situation. Même si elle ne part jamais, un mari qui maltraite sa femme ne peut jamais espérer avoir une relation conjugale de qualité.

Dieu a toujours voulu une relation de Père à fils ou à fille avec vous. Vous faites partie de Sa famille - non pas en tant qu'esclave ou serviteur, mais en tant que fils ou fille bien-aimé(e). Il veut que nous nous aimions tellement que nous choisissons de nous servir mutuellement par notre temps et nos actions. Nous faisons cela par amour, ce qui permet de construire une relation plus étroite. Pour que nous puissions continuer à grandir dans notre conscience concernant notre union avec Dieu, il faut un éveil incessant à l'amour. La peur ne fera que nous entraver, nous éloigner de Dieu dans notre propre esprit, et nous faire agir à partir d'un lieu de peur plutôt que par désir d'honorer à partir d'un lieu d'amour.

Dieu nous appelle enfants et nous a fait siens. La plupart des parents ne veulent pas que leurs enfants aient peur d'eux, mais qu'ils les aiment en retour, et Dieu ne veut pas que nous ayons peur de Lui. La plupart des parents voudraient jouir d'une relation étroite et libre avec leurs enfants, et que ceux-ci obéissent par amour et non par peur. De même, Dieu veut la même chose. Nous sommes ses enfants et, en tant que Père ultime, il sait ce qui est le mieux pour nous. Si nous le craignons, nous risquons de ne pas voir l'amour qui se cache derrière ce qu'il nous demande. Le craindre nous éloigne d'une relation étroite et fait de nous des serviteurs qui servent, se prosternant devant un maître de la tâche difficile plutôt que de nous donner volontairement comme fils et fille à notre Père cher et aimant.

Si nous regardons de plus près le verset de 2 Timothée, il y a plus que le fait de ne pas avoir un esprit de crainte. Non seulement nous n'avons pas d'esprit de crainte, mais nous avons un esprit d'amour, de puissance et un esprit sain. Ces trois éléments - l'amour, la puissance et un esprit sain - peuvent travailler ensemble pour nous libérer de la peur pour toujours. Lorsque Paul a écrit cette lettre à Timothée pour lui dire quelle sorte d'esprit il avait, c'était parce que Paul voulait que

Timothée comprenne pleinement ce qui était en lui. L'esprit qui vit en nous n'a rien de timide, et nous devrions être tellement en phase avec cet esprit, tellement conscients de l'intégrité de la parole de Dieu, que nous pouvons lui faire pleinement confiance, il nous a béni avec la foi de son Fils afin que nous n'ayons plus jamais peur.

Ce verset nous montre la clé pour surmonter non seulement la peur, le rejet, le sentiment de ne pas être assez bon et beaucoup d'autres choses auxquelles nous sommes confrontés dans la vie. Lorsque notre esprit est libéré par l'esprit d'amour, nous devenons invincibles. La peur ne nous gouvernera plus et ne nous gênera plus.

La peur nous tient en esclavage. Elle nous éloigne de tout ce que Dieu représente pour nous, de la source de notre puissance et de notre paix. Elle nous rapproche de tout ce dont nous avons peur - un endroit où tout sent les ténèbres. En nous plongeant dans la peur, l'ennemi peut accomplir beaucoup à travers nous. Nous agirons en fonction de nos peurs, ce qui revient à nous aligner sur le royaume des ténèbres, plutôt que d'agir à partir de notre véritable identité, qui est ce que nous sommes vraiment lorsque nous nous alignons sur ce que Dieu croit de nous. Lorsque nous nous alignons sur celui qui veut nous détruire, nous nous éloignons de ce que nous sommes vraiment. Tous les avantages d'être enfants de Dieu - la paix et la joie - disparaissent lorsque nous cédons à nos peurs et y restons. La foi, la paix et l'amour nous ramènent à Dieu, et nous éloignent de la peur.

Lorsque nous sommes convaincus de l'amour éternel de Dieu pour nous, lorsque nous savons que Son amour est inconditionnel et que nous sommes acceptés par Lui, alors nous avons la sécurité dont nous avons besoin pour jouir d'un esprit sain. Plus nous comprenons l'amour de Dieu, moins nous nous inquiéterons et plus notre esprit sera sain. Son amour apporte une telle paix que si nous parvenons à vivre dans son amour, nous serons inébranlables.

Alors, si les choses tournent mal dans la vie, c'est nous qui nous tiendrons debout, capables d'affronter tout ce qui se présente à nous. Nous serons capables de jeter des montagnes dans la mer au lieu de les regarder en tremblant de peur. Alors que tout le monde autour de nous a peur et doute, nous connaîtrons une paix sublime qui nous empêchera d'abandonner. Vivre dans la peur montre que vous n'avez pas reçu une pleine assurance de l'amour de Dieu pour vous. Une fois que vous en serez convaincu, vous n'aurez plus jamais à avoir peur de quoi que ce soit.

POINTS À RETENIR

1. Dieu nous a créés libres.

2. Dieu nous appelle enfants et nous a fait siens.

3. La peur nous maintient en esclavage.

4. Plus nous comprendrons l'amour de Dieu, moins nous nous inquiéterons et plus notre esprit sera sain.

Faire le saut de la peur à l'amour

À ce jour, vous êtes probablement en train de prendre conscience de l'importance de croire en l'amour de Dieu et de lui faire confiance. Si vous avez pris ce livre et continuez à le lire, ce doit être pour une raison. Quelque part dans votre vie, il y a un doute sur Son amour ou Sa capacité à prendre soin de vous et de votre situation. Vous avez peut-être vécu dans la peur pendant quelques semaines ou quelques années. Vous êtes peut-être si loin de Dieu dans votre propre esprit que vous doutez qu'il vous aime, et encore moins qu'il vous aime inconditionnellement. Si vous avez atteint ce stade de la peur, il n'est pas trop tard. Dieu ne vous a jamais tourné le dos. Il ne vous abandonnera pas à votre peur.

Lisons la parabole de Luc 15:11-24 :

Il dit : "Il y avait un homme qui avait deux fils. Le plus jeune dit à son père : "Mon père, donne-moi la part de biens qui me revient". Et il partagea ses biens entre eux. Peu de jours après, le fils cadet rassembla tout ce qu'il avait et partit en voyage dans un pays lointain, où il dilapida ses biens en menant une vie insouciante. Comme il avait tout dépensé, une grande famine survint dans ce pays et il commença à être dans le besoin. Il alla donc se louer à l'un des citoyens de ce pays, qui l'envoya dans ses champs pour nourrir les porcs. Et il désirait ardemment être nourri avec les cosses que les porcs mangeaient, et personne ne lui donnait rien.

Quand il revint à lui, il dit : "Combien de serviteurs de mon père ont plus de pain qu'il n'en faut, et moi, je meurs ici de faim ! Je me lèverai, j'irai chez mon père et je lui dirai : "Père, j'ai péché contre le ciel et devant toi. Je ne suis plus digne d'être appelé ton fils. Traite-moi comme un de tes serviteurs. Et il se leva et vint vers son père. Mais comme il était encore loin, son père le vit et fut pris de compassion, il courut l'embrasser. Et le fils lui dit : "Père, j'ai péché contre le ciel et devant toi. Je ne suis plus digne d'être appelé ton fils". Mais le père dit à ses serviteurs : "Apportez vite la plus belle robe, et mettez-la sur lui ; mettez un anneau à sa main, et des chaussures à ses pieds. Et amenez le veau gras, tuez-le, mangeons et célébrons. Car mon fils était mort et il est revenu à la vie, il était perdu et il est retrouvé". Et ils se mirent à célébrer.

Jésus a raconté cette parabole pour que nous apprenions quelque chose de la nature du Père. Il est toujours à l'affût du retour de son enfant perdu. Il attend les bras grands ouverts, prêt à démontrer son amour éternel, afin que vous puissiez réaliser que votre relation avec lui n'a pas changé dans son esprit comme dans le vôtre. Son opinion vous concernant ne changera jamais, car il reste le même et ne change pas comme les hommes. Il est possible de trouver votre chemin si vous avez tout perdu et que vous ne savez pas quoi faire ou comment retourner vers Lui. Il est possible de revenir à celui à qui vous appartenez. Personne ne peut être considéré comme perdu s'il n'appartient pas dès le départ. Il est notre Père depuis le tout début et nous avons été créés à son image et à sa ressemblance. Il reste fidèle même lorsque nous ne le sommes pas (2 Timothée 2:13). Il n'est pas trop tard pour revenir en courant vers Lui.

POINTS À RETENIR

1. Dieu ne vous a jamais tourné le dos.

2. Il ne vous abandonnera pas à votre peur.

3. Il n'est pas trop tard pour revenir en courant vers Lui.

La vraie foi

Dieu ne nous a certainement pas donné l'esprit de la peur. Vous savez peut-être que c'est vrai. Vous pouvez croire qu'Il vous aime et vous pouvez même être capable de réciter les versets des Écritures qui parlent de l'amour de Dieu. Pourtant, la vérité présente au fond de notre cœur ne fait surface que lorsqu'elle est mise à l'épreuve. C'est une chose de dire qu'on a confiance en Dieu, mais c'en est une autre d'agir en fonction de cette confiance lorsqu'on est confronté à une situation negative ou effrayante.

On nous dit de faire très attention à ce qui est dans notre cœur, à ce que nous croyons vraiment : "Garde ton cœur en toute vigilance, car c'est de lui que jaillissent les sources de la vie" (Proverbes 4:23). Garder notre cœur avec "toute la vigilance" implique un niveau profond de vigilance. Ce n'est pas une chose à laquelle nous devons penser une fois de temps en temps. Nous devons constamment vérifier notre cœur, voir ce qui y entre et en sort, et ce qui y reste. Si les sources de notre vie se tarissent ou sont souillées, tous les domaines de notre vie en seront affectés.

Il y a suffisamment de bonnes raisons pour que nous accordions une attention particulière à ce qui se trouve dans notre cœur. Ce qui est dans notre cœur est la vérité de ce que nous croyons - bon ou mauvais - et c'est ce qui ressortira dans notre vie : " Un homme bon tire de bonnes choses du bien emmagasiné dans son cœur, et un homme méchant tire des choses mauvaises du mal emmagasiné dans son cœur. Car la bouche dit ce dont le cœur est plein." (Luc 6:45). Nous pouvons donner l'impression de faire le bien et, par conséquent, d'avoir le bien dans notre cœur, mais nos paroles et nos actions ne vont pas plus loin, et elles ne peuvent pas tromper Dieu : "Toute action est bonne aux yeux de celui qui la fait, mais le Seigneur pèse le cœur" (Proverbes 21:2). Il sait ce que nous croyons dans nos cœurs, mais ce qui compte le plus pour Lui, c'est ce qu'Il croit de nous.

Ce n'est pas parce que les choses ne vont pas bien dans notre vie que Dieu nous a abandonnés. Il promet de ne jamais nous quitter ou nous abandonner (Hébreux 13:5). Lorsque quelque chose d'inattendu se produit, ce n'est pas une indication que le caractère de Dieu a changé ou qu'il nous a en quelque sorte abandonnés. Lorsque nous sommes confrontés à une situation effrayante, ce n'est pas le moment de douter ou de remettre Dieu en question. C'est le moment de continuer à faire confiance, malgré ce que les circonstances semblent être.

Que signifie réellement croire en Dieu ? Le mot grec d'origine est pistis. Dans la mythologie grecque, avoir foi en Dieu est un engagement concret - le genre d'engagement qu'implique la confiance en Dieu, ou, la confiance en Dieu. (La racine du grec pistis, "foi", est "confiance"). Il s'agit donc d'un modèle fiducial - un modèle de foi en tant que confiance, comprise non pas simplement comme un état affectif de confiance, mais comme une action. Ce concept s'applique que nous soyons convaincus dans notre esprit de choses positives ou négatives. Lorsque nous nous concentrons sur un problème et que la peur monte dans nos cœurs, nous nous convainquons que seul le mal viendra de la situation. Nous sommes en fait capables de dynamiser notre peur, en vivant le moment présent comme si le résultat prévu s'était déjà produit. Lorsque nous nous concentrons sur la Parole de Dieu, la paix et l'espoir viennent, et généralement avec eux, un meilleur résultat.

Il est facile de confondre ce que vous voulez ou espérez avec la pensée positive ou les mots positifs. La plupart des gens comptent sur la pensée et les paroles positives pour démontrer leur foi. C'est en fait le système de fonctionnement du nouvel âge. L'étonnante différence entre la foi de Jésus à laquelle nous participons aujourd'hui et la "foi" que nous fabriquons pour obtenir des choses en les pensant et en les visualisant, c'est que la foi en Christ n'attend pas que quelque chose se produise dans le futur. C'est parce que tout a été donné, fourni et fait par Dieu en Christ. D'autre part, nous avons la pensée positive ou les mots positifs qui sont le mode pour atteindre les dieux artificiels, pour nous donner les choses que nous voulons. Il n'y a rien que nous attendons demain, car l'apôtre Paul nous dit que tout est à nous maintenant et il dit aussi que nous avons déjà été bénis (1 Corinthiens 3:21-23 ; Éphésiens 1:3). Penser ou parler positivement n'est pas égal à la confiance en Dieu (savoir que ce qu'il dit est vrai). Ce n'est pas parce que nous pensons et disons les bonnes choses que la peur ne nous gouverne pas au fond de nous-mêmes. Cela ne signifie pas que nous ne ressentons pas la peur ou que nous essayons de la dissimuler.

Tout ce que cela signifie, c'est que nous avons réussi à penser et à dire quelque chose de positif. Cela seul n'est pas la foi. Alors que la foi célèbre ce que la grâce a fourni, les pensées et les paroles positives sont simplement égales à des tentatives de satisfaire ce que nous reconnaissons comme étant absent dans nos vies, en ce moment.

La vraie foi n'est pas seulement présente dans ce que nous pensons ou disons, mais c'est ce qui vit déjà au fond de nos cœurs et anime nos vies. Une personne qui agit selon la foi du Fils de Dieu ne fera pas les cent pas en attendant que le médecin appelle pour donner les résultats des tests. Au contraire, elle remerciera Dieu dans la prière parce que tout concourt au bien d'une manière ou d'une autre (Romains 8:28). Une personne qui a placé sa confiance en Jésus lorsqu'il s'agit de rembourser une dette non seulement pensera et parlera en conséquence, mais ne sera pas stressée chaque fois que la facture arrive et que le solde semble encore élevé. La foi ne vacille pas, mais la pensée et la parole positives oui, car elles ne sont pas ancrées dans la foi de notre cœur.

La foi ne se limite cependant pas à la foi en Dieu. Nous pouvons tout aussi bien avoir foi en nos propres erreurs, en croyant que nous allons nous tromper. Nous exerçons notre foi envers ce que les gens appellent "la loi de Murphy", l'idée que si quelque chose de mauvais doit arriver, cela arrivera. Nous faisons confiance aux médecins plutôt qu'au Dieu qui nous a guéris par les meurtrissures de Jésus-Christ. Nous mettons notre foi dans nos chèques de paie au lieu du Dieu qui nous a bénis de tout et nous a fourni de tout ce dont nous pouvions avoir besoin. Nous pouvons mettre notre foi dans tout ce dont nous choisissons de convaincre notre esprit. Une fois que notre esprit est convaincu de quelque chose, nos actions, nos pensées et nos paroles suivent.

C'est pourquoi la peur est si dangereuse. Elle envahit non seulement notre esprit, mais aussi notre être tout entier. Elle prend la place de la foi en Dieu puisque la peur et l'amour ne peuvent exister dans le même espace. Nous ne pouvons pas avoir la foi en l'amour et la peur en même temps. Nous devons choisir de mettre toute notre confiance dans l'un ou l'autre. Nous ne pouvons pas avoir les deux.

POINTS À RETENIR

1. Dieu ne nous a certainement pas donné l'esprit de la peur.

2. Nous ne pouvons pas avoir foi en l'amour et en la peur en même temps. Nous devons choisir de mettre toute notre confiance dans l'un ou l'autre.

3. La vraie foi n'est pas seulement présente dans ce que nous pensons ou disons, mais c'est ce qui vit déjà au fond de nos cœurs et anime nos vies.

Dernières paroles

Nous arrivons enfin à la fin de notre voyage de découverte dans le monde de nos peurs. Ensemble, nous avons découvert la vaste gamme d'émotions qui peuvent être effrayantes et nous empêcher de profiter de la vie telle que Dieu l'a voulue.

Pour moi, personnellement, cette expérience a été très enrichissante, car elle nous a permis de démêler les diverses facettes et couches de la peur et de démystifier et résoudre les problèmes que la peur a apportés dans nos vies.

Je suis persuadé qu'à ce jour, vous avez réussi à surmonter vos peurs de la peur et à passer d'une vie assaillie par l'inquiétude et les doutes à une vie remplie de joie, de confiance et d'anticipation des opportunités que la vie vous apporte sous forme de défis.

Désormais, vous constaterez que toute votre vision est faite d'espoir, de foi et de confiance. L'espoir - d'une vie sans peur, d'une vie heureuse, sans incertitude ni inquiétude. La foi - en Dieu. La confiance - en son amour pour vous.

Je vous souhaite de réussir dans votre vie à venir, confiant dans la conviction qu'en suivant les conseils et en restant fidèle aux paroles de Dieu, chaque jour sera rempli de bonheur, de bonté et de valeurs humaines qui font de notre monde un endroit meilleur.

VOUS ÊTES BÉNI !

Remerciements

Toutes mes années à engager des masses dans la conversation des âges (l'évangile) m'ont donné le privilège de me connecter directement et indirectement avec tant de personnes, et je vous reconnais tous, car vous m'avez montré ce que le matériel de ce livre devait exprimer : l'importance de vos expériences uniques et l'importance de vous. Vous m'avez aidé à comprendre la nécessité d'aider les gens à vaincre leurs peurs et à devenir ce qu'ils sont censés être.

À ma précieuse famille - je reconnais votre amour, votre soutien et vos prières sans fin... il n'y a rien de tel !

Mme Puppala, mon assistante de recherche, vous êtes vraiment un soutien incroyable, je reconnais à la fois nos heures de discussions sur ce livre et votre édition remarquable et honnête. C'est un plaisir de travailler avec vous.

L'équipe de Christ In All Nations : Une fois de plus, j'ai été ravi et extrêmement béni par votre soutien professionnel et affectueux. Vous êtes ma famille, vous jouez un rôle si important en rendant mon travail accessible à tant de personnes d'une manière si excellente. Merci à Paul Young, auteur de The Shack, au Dr. Baxter Kruger, auteur de The Shack Revisited, à la prophétesse Beth Thomas, à Doumbe Endene Marie, à Shadrack Kiunga, à Chantal Reymond et au reste de l'équipe du CIAN : Vous êtes vraiment incroyables, je vous reconnais et vous remercie.

L'ultime invitation

Faites cette prière :

"Cher Père, dans la liberté de ton amour infini et dans la sécurité de ton étreinte divine, je reconnais que Jésus-Christ est ton Fils éternel. Je me suis perdu dans mes propres ténèbres, au lieu de vivre dans Ta joie. J'ai été paralysé à l'intérieur, au lieu de recevoir Ton amour ; mon âme était troublée.

Aujourd'hui, je reconnais et je crois que la vie de Jésus depuis sa naissance jusqu'à son siège à la droite de Dieu était par procuration. J'ai été co-crucifié avec Jésus ; Je suis mort sur la croix avec Lui ; J'ai été co-enterré avec Lui ; le troisième jour, je suis ressuscité d'entre les morts avec Lui ; Je suis co-ascensionné avec Jésus et je suis co-assis à Ta droite avec Lui. Je reconnais dans mon cœur et j'accepte le fait que Jésus-Christ est Seigneur de tous et toutes.

Je me donne en amour à toi aujourd'hui, comme tu t'es donné en amour à moi et pour moi. Me voici Père, Jésus et Saint-Esprit, AIMEZ-moi. Amen."

Si vous avez sincèrement répété ces mots, bienvenue dans vos vrais sens.

Le Père vous accueille et célèbre votre retour [retour à la conscience de votre véritable identité]. Vous participez à l'œuvre salvatrice et à la vie de Jésus-Christ. Le chemin de l'amour et de la découverte de qui vous êtes et qui Dieu est vraiment a commencé.

Il est important pour vous de grandir continuellement dans la connaissance de l'amour, de la personne et de l'œuvre achevée de

Jésus-Christ en permettant à votre âme de se nourrir des paroles de la grâce. Car vous avez été crucifié avec Christ, ce n'est plus vous qui vivez, mais Christ vit en vous. Par conséquent, les termes co-crucifié et vivant avec Christ vous définissent maintenant. Christ en vous et vous en Lui. C'est une bénédiction de savoir que la vie que vous vivez est entièrement par la foi d'un autre (Jésus-Christ), donc vous n'avez plus rien à craindre à partir de maintenant. Il vous soutient du début à la fin. Vivez votre vie submergée par l'opinion de Dieu sur vous.

Je vous conseille de trouver une église locale christocentrique pour en savoir plus sur Jésus, son Père et le Saint-Esprit, puis vous découvrirez qui vous êtes vraiment et ce qui vous appartient déjà de par votre origine et votre identité. Célébrez qui vous êtes déjà dans la famille de Dieu chaque jour de votre vie.

Vous comptez pour Dieu !

Je vous invite à partager avec nous les choses merveilleuses que Dieu a faites dans votre vie pendant que vous communiquiez avec lui en utilisant ce livre. Nous aimerions entendre vos commentaires et témoignages. Vous pouvez également acheter des exemplaires supplémentaires de ce livre pour les offrir à ceux que vous aimez.

Pour plus d'informations sur la réservation de l'auteur pour parler à votre organisation ou groupe, veuillez contacter Christ In All Nations Inc à : info@christinallnations.org.

Si vous avez aimé ce livre, voici quelques idées pour vous aider à partager ce livre avec d'autres:

> » Offrez le livre à des amis, même des étrangers, en cadeau. Ils n'obtiennent pas seulement une page-turner convaincante,

- » mais aussi un aperçu magnifique de la vraie nature de Dieu qui n'est pas souvent présentée dans les cultures du monde entier aujourd'hui.

- » Si vous avez un site Web ou un blog, pensez à partager un peu sur le livre et comment il a touché votre vie. Ne donnez pas l'intrigue, mais recommandez-leur de le lire également.

- » Rédigez une critique de livre pour votre journal local, votre magazine préféré ou le site Web que vous fréquentez. Demandez à votre émission de radio ou podcast préféré d'avoir l'auteur en tant qu'invité. Les gens des médias accordent souvent plus d'attention aux demandes de leurs auditeurs qu'aux communiqués de presse des publicistes.

- » Si vous êtes propriétaire d'un magasin, d'une entreprise ou que vous dirigez une église, envisagez d'installer ces livres sur votre comptoir pour les revendre aux clients. Nous mettons à disposition des livres à un tarif réduit pour la revente. Pour les particuliers, nous proposons des tarifs dégressifs sur volume pour les commandes de cinq livres ou plus.

- » Achetez un ensemble de livres comme cadeaux aux refuges pour femmes battues, aux prisons, aux maisons de réadaptation, etc. où les gens pourraient être vraiment encouragés par ces prières.

- » Parlez du livre sur les listes de diffusion sur lesquelles vous vous trouvez, les forums que vous fréquentez et les autres endroits où vous engagez d'autres personnes sur Internet. Partagez l'impact de ce livre sur votre vie et offrez aux gens le lien vers la page du livre Amazon.

Pour plus d'informations sur Alain Léa, rendez-vous sur:
www.christinallnations.org

À propos de l'auteur :

Depuis une dizaine d'années, Alain Lea sillonne le monde pour diffuser la Vérité de l'Évangile. Sa profonde révélation est connue pour sa clarté tout en conservant la simplicité originelle de l'Evangile trinitaire.

En tant que directeur de Christ in All Nations, l'apôtre Lea a formé plusieurs ministres de l'Évangile, aux États-Unis d'Amérique et dans le monde entier. Ses étudiants sont répartis à travers l'Amérique et différentes parties du monde, apportant la bonne parole du Seigneur à des millions de personnes aspirant à la révélation des fils de Dieu.

Auteur prolifique, Alain Lea a écrit de nombreux livres, dont "Se libérer des peurs" et "Cœur à Cœur". Sa maîtrise de l'Évangile, associée à sa compréhension des aspects physiques et émotionnels de la souffrance, l'ont amené à écrire des livres sur des sujets divers.

Au cours de ses longues années au service du Seigneur et de l'humanité, Alain Lea a produit une vaste collection de matériel pédagogique - en format imprimé, audio et vidéo. Son ministère distribue activement des cassettes audio et des CD gratuits à tous les nécessiteux qui aspirent à l'amour de Dieu. Alain Lea peut être contacté à l'adresse suivante

dralainlea@christinallnations.org

Ou

Christ in All Nations Inc.
P.O Box 588
Granger, IN 46530

CONNECTEZ-VOUS AVEC

Apôtre Alain Lea

Pour plus d'informations, visitez le site :

Facebook
@dralainlea

Instagram
@alainlea

Disponible sur Amazon

Le Vide I

Dans un monde où la religion semble de moins en moins pertinente, LE VIDE s'attaque à la question intemporelle : Où est Dieu quand on a le plus besoin de lui ? Les réponses vous étonneront et vous transformeront peut-être. Vous voudrez que tous ceux que vous connaissez lisent ce livre !

Christian était le seul fils de ses parents, mais ils sont morts avant qu'il ait eu la chance de les connaître. Il a grandi avec des amis qui ont fait partie de sa vie pendant de nombreuses années. Ils avaient tous des histoires très tragiques à raconter et ressentaient tous un vide intérieur qu'aucun d'entre eux ne pouvait expliquer. Après des années à essayer différentes choses et différentes façons de vivre une vie meilleure, ils finissaient toujours par avoir plus de douleur et de problèmes qu'avant. Au milieu de leur plus grande confusion, quelque chose de très mystérieux est arrivé à l'un d'entre eux et a laissé les autres extrêmement méfiants. Apparemment, Dieu a ouvert les yeux de Christian sur la source de l'épanouissement. Sa vie est progressivement devenue le reflet de la beauté pure, avec une vision et un but.

Il a maintenant pour mission de rejoindre ses huit amis les plus proches qui n'ont pas connu la liberté de vivre sans le Néant. Ils sont en danger d'être consommés et détruits. Il sait que sa fenêtre d'opportunité est petite car il a une vision de l'un de ses amis en train de mourir, mais il ne sait pas lequel.

Cœur àCœur

Lorsque le chaos de notre vie quotidienne devient accablant, où pouvons-nous nous tourner pour trouver la paix et le repos ? L'apôtre Alain Lea indique la Source de tout espoir et de toute force dans Cœur à Cœur, qui contient soixante prières guidées. Nous prions tous... certains. Nous prions pour rester sobres, centrés ou solvables. Lorsque la grosseur est jugée maligne, lorsque l'argent est épuisé avant la fin du mois ou lorsque le mariage s'effondre, nous prions. Mais ne voudrions-nous pas prier plus ? Mieux ? Plus fort ? Avec plus de feu, de foi et de ferveur?

Nous avons des enfants à nourrir, des factures à payer, des délais à respecter. Le calendrier se jette sur nos bonnes intentions comme un tigre sur un lapin. Qu'en est-il de notre histoire avec la prière : des mots incertains, des attentes non satisfaites et des demandes sans réponse?

Nous ne sommes pas les premiers à nous débattre avec la prière. Les premiers disciples de Jésus avaient eux aussi besoin d'être guidés par la prière. En fait, la prière est le seul tutoriel qu'ils aient jamais demandé et Jésus leur a donné une prière, pas un cours sur la prière, pas la doctrine de la prière ; il leur a donné une prière que l'on peut citer, répéter et porter. Ne pourrions-nous pas faire de même?
Dans Cœur à cœur, le Dr Alain Lea, auteur à succès, invite les lecteurs à un voyage au cœur de la prière biblique, offrant de l'espoir aux personnes qui doutent et de la confiance, même aux mauviettes de la prière. Distillant les prières de la Bible en une seule prière au format de poche, Alain rappelle aux lecteurs que la prière n'est pas un privilège réservé aux pieux ni l'art de quelques élus. La prière est simplement une conversation sincère entre Dieu et son enfant. Que la conversation commence.

Livres à venir

Connaître Dieu en Christ

Nos personnalités se conforment inévitablement à notre dieu. Nous en avons été témoins tout au long de l'histoire. Lorsque nous adorons des versions inférieures de Dieu. c'est-à-dire l'argent, le statut, la sécurité, le pouvoir, le plaisir, vous l'appelez - nous devenons comme nos idoles. Si votre dieu est l'argent, vous deviendrez matérialiste. Si votre dieu est le sexe, vous deviendrez de plus en plus sensuel. Si votre dieu est vous-même, vous deviendrez plus centré sur vous-même.

Ainsi, ce livre répond à des questions telles que : Quelle est la vraie nature de Dieu ? Est-il dur, comme vu à travers de nombreux exemples de l'Ancien Testament, ou est-il doux, aimant et doux de cœur, comme Jésus le décrit ? Préparez-vous pour un voyage au cœur même du Père, du Fils et du Saint-Esprit. Cet enseignement remettra en question la plupart des idées fausses sur l'être et la nature de Dieu. Il vous restera une compréhension très précise de qui est Dieu, qui vous êtes et comment vous vous situez dans la romance des âges.

Le Vide II

La saga se poursuit alors que la vie sépare ces amis, au milieu de la tragédie et du traumatisme résultant de leurs choix individuels et de la bataille pour combler le vide intérieur.

www.ingramcontent.com/pod-product-compliance
Lightning Source LLC
Chambersburg PA
CBHW070149080526
44586CB00015B/1915